L'Art de **la PNL**

Traduction : Sabine Boccador
Directrice de collection : Sophie Descours

"Barbara Seidl: NLP, Best of edition"
Licensed edition by the Haufe-Lexware GmbH & Co. KG,
Federal Republic of Germany, Freiburg, 2010
Lizenzausgabe des Haufe-Lexware GmbH & Co. KG,
Bundesrepublik Deutschland, Freiburg, 2010

Ixelles éditions est une division d'Ixelles Publishing SA

ISBN 978-2-87515-129-2
Dépôt légal : 4e trimestre 2011

E-mail : contact@ixelles-editions.com
Site internet : www.ixelles-editions.com

Barbara Seidl

L'Art de la PNL

Mieux se connaître et mieux communiquer

Ixelles éditions

Sommaire

Avant-propos

La programmation neurolinguistique – PNL en abrégé – est employée dans de nombreux domaines : dans celui du conseil, de la thérapie, de la médecine, de l'apprentissage et, de plus en plus souvent, dans celui du business. On a recours aux techniques et aux modèles de la PNL dans le cadre des relations humaines et dans toute situation nécessitant une communication de qualité.

Cet ouvrage offre des informations essentielles et accessibles ; il vous explique ce qu'est la PNL et décrit les techniques de base les plus importantes. Que recouvre exactement ce terme et quels sont les domaines d'intervention de la programmation neurolinguistique ? Quels sont les objectifs des personnes qui ont recours à la PNL ? À quelles méthodes se réfère cette pratique et où se situent ses limites ? Peut-être certaines techniques vous sont-elles déjà familières, et vous constaterez ainsi que vous les employez inconsciemment dans votre vie personnelle et professionnelle.
Ce livre vous donnera sûrement envie d'en savoir plus. Je vous invite à découvrir les modèles de la PNL et à les mettre à profit en toute conscience afin de bénéficier d'une communication de qualité avec votre entourage.

BARBARA SEIDL

1

Qu'est-ce que la PNL ?

Que recouvre le terme PNL (programmation neurolinguistique) ?

Ce à quoi se réfère ce terme

Des processus de communication ont lieu sans cesse, à tout moment : dans le domaine du langage au travers des mots et des phrases, mais aussi à un niveau que l'on qualifie de non verbal, par l'intermédiaire des images, des gestes et des mouvements. Il est impossible de ne pas communiquer. Il ne s'agit pas seulement de se concentrer sur la personne qui envoie les signaux et les messages, mais davantage de savoir comment ces derniers parviennent au récepteur : l'important n'est pas ce que dit quelqu'un, mais plutôt ce que l'interlocuteur comprend, ce qu'il peut ou veut comprendre. La PNL, ou programmation neurolinguistique, recherche comment la compréhension, par le biais de la communication, peut être améliorée.

Dans ce contexte, la PNL explore la manière dont le cerveau humain traite les données du monde extérieur, perçoit, évalue et associe les stimuli des sens. Chaque individu a sa propre vérité subjective et un art personnel de l'assimilation – également quand il s'agit de la communication avec autrui.

En outre, la PNL explore les facultés humaines et l'apprentissage de ces facultés. Certains – qui se réfèrent à des personnes qui ont réussi, en font leur modèle et copient leur comportement – appliquent déjà une technique efficace de la PNL.

La PNL offre des modèles et des stratégies :

- pour mieux se connaître et améliorer sa communication ;
- pour bien utiliser le langage ;
- pour exercer et affiner ses propres facultés de perception ;
- pour formuler des objectifs et les atteindre par une pensée et une action efficaces ;
- pour employer toutes ses facultés personnelles au mieux ;
- pour réagir avec souplesse face aux changements ;
- pour se référer à des modèles d'action et de jugement plus pertinents en modifiant son point de vue et son mode de pensée.

Enregistrer et traiter les informations

Le N de PNL se réfère à « neuro ». L'être humain perçoit le monde au travers de ses cinq sens. Les images, les couleurs et les formes déclenchent des stimuli visuels au niveau des yeux, les bruits et les sons, en tant que stimuli acoustiques, sollicitent les oreilles. La langue et le palais transmettent les informations du goût au cerveau ; le nez, lui, délivre des messages au travers des odeurs et la peau à l'aide du toucher.

Bien assembler les informations

Le cerveau traite les informations sensorielles extérieures dans des processus neuronaux, les enregistre et les associe à d'autres données déjà existantes. Les messages qui arrivent sont filtrés, comparés à d'autres perceptions et expériences, puis évalués. Tout cela se produit de manière inconsciente en l'espace de quelques secondes.

Exemple de perception sensorielle

Les yeux disent au cerveau qu'ils voient dans l'assiette de longs filaments blancs entourés d'une sauce rouge. Le nez ajoute qu'il sent des odeurs de tomate, de basilic et de nouilles. La peau note qu'elle ressent de la chaleur et la langue, qu'elle perçoit un goût de tomate, de basilic et une texture de pâte, mais que l'ensemble est un peu fade. Le cerveau associe toutes les informations : spaghettis frais à la sauce tomate qui manquent de sel.

Les conséquences des perceptions

Les processus internes et neuronaux ont des conséquences sur l'être humain. Ils se répercutent sur l'ensemble du processus vital : sur les perceptions sensorielles, les sentiments, la pensée, le comportement, les actions, les mouvements, les processus physiques, biologiques et psychiques.

Exemple des effets possibles

L'information « manger » fait monter l'eau à la bouche. Dans l'exemple précédent, la personne a plusieurs choix possibles : par exemple se saisir de la salière pour relever le goût du plat, ou se réjouir parce qu'il s'agit de son plat préféré.

La traduction en langage

Le L est l'abréviation de « linguistique ». Cette composante de la PNL correspond à l'assimilation et à l'emploi du langage qui sollicite les yeux ou les oreilles dans sa forme écrite ou parlée.

Les informations sont filtrées

Les messages qui arrivent en profusion au cerveau sont filtrés et traités. Différentes personnes peuvent recevoir une même information, mais la traiter chacune à leur manière.

> **Exemple de traitement de la perception**
>
> Dans l'exemple précédent, les yeux perçoivent davantage d'informations : par exemple, les miettes sur la table et le serveur qui sert le vin. Le cerveau occulte ces éléments parce qu'ils n'apportent rien à l'information « spaghettis ». En revanche, la personne qui attend impatiemment les boissons fera sans doute plus attention au serveur.

Les processus de filtrage

Même si nous sommes très habiles dans la manipulation du langage, nous ne pouvons pas tout exprimer en raison de la profusion d'informations. C'est pourquoi le langage ne peut restituer qu'une petite partie des émotions ainsi que des processus de pensée et d'assimilation. Si le cerveau occulte certains faits, cela se perçoit dans le langage. Toutefois, le langage écrit et parlé n'est pas le seul moyen d'expression. Le corps humain envoie également des messages au travers des gestes, des mimiques et des attitudes.

> Le langage est associé à la pensée, à la représentation et à la logique. Il reflète les stimuli que l'on assimile et la latitude que l'on a pour les évaluer. L'un des objectifs de la PNL est de faire prendre conscience de ces processus subjectifs.

Vers une nouvelle programmation

Le système nerveux et les expériences ainsi que les appréciations transmises par le langage s'influencent mutuellement. Le P de « programmation » préside à cette interaction. Les « programmes » sont des modèles de pensée et des concepts individuels correspondant à la manière dont un être humain assimile les stimuli sensoriels et construit son modèle personnel du monde.

Si les programmes et les concepts utilisés sont efficaces, il n'y a pas de raison de les modifier. Toutefois, si l'on a l'impression qu'ils sont limitatifs, alors une « nouvelle programmation » s'impose, en élargissant par exemple les processus de filtrage. Le recours aux techniques de la PNL permet :

- de découvrir et d'employer de nouveaux programmes plus performants et utiles ainsi que des processus d'apprentissage ;
- de faciliter la communication ;
- de soulever des problèmes et de contribuer à trouver des solutions.

Quelles sont les origines de la PNL ?

La programmation neurolinguistique est une discipline jeune. Dans les années 1970 aux USA, les fondateurs, Richard Bandler (né en 1950), étudiant en mathématiques, et John Grinder (né en 1939), professeur de linguistique, se trouvèrent un intérêt commun pour le langage et pour les processus que celui-ci recouvre, et ils ont découvert le moyen d'obtenir des résultats extraordinaires dans la communication. Ils ont étudié et analysé la communication de trois grands thérapeutes : celle du psychiatre allemand Fritz Perls (1893-1970), celle de la thérapeute familiale Virginia Satir (1916-1988) et celle du psychiatre et hypnothérapeute Milton H. Erickson (1901-1980). Ils ont constaté que ces trois spécialistes jouissaient de facultés formidables et ont

modélisé leur excellence, érigeant en modèle ces personnes et leur comportement.
La PNL combine de nombreuses influences, notamment la théorie des systèmes de Gregory Bateson (1904-1980) et la théorie de la communication de Paul Watzlawick (1921-2007). Cette discipline n'est pas un système fermé et fini : elle se développe constamment.

Où se situent les limites de la PNL ?

Même si, au premier abord, une communication de qualité avec autrui ne connaît pas de limites, la prudence est de mise.

Jusqu'où l'on peut aller

La PNL agit dans de nombreux cas au niveau de l'inconscient et apporte généralement des modifications et des solutions rapides. Toutefois, si l'on se contente de connaissances théoriques ou de séminaires de courte durée, les résultats ne sont pas aussi positifs. Il faut savoir que les troubles graves de la personnalité ou les pathologies psychiques ne peuvent être traités par la PNL.
Dans ces cas-là, il est préférable de s'adresser à un psychologue ou à un psychothérapeute pratiquant d'autres disciplines.

La PNL n'est pas un remède miracle

La PNL a quelquefois véhiculé une image erronée parce qu'on a fait l'article d'une méthode prônant que « tout était possible ». De tels propos nuisent à la PNL et ne sont rien de plus que des slogans publicitaires et non des affirmations justes. Les coachs et les conseillers sérieux sont bien formés et dispensent cette pratique en la considérant à sa juste valeur, c'est-à-dire comme l'une des nombreuses méthodes possibles.

La PNL est-elle une forme de manipulation ?

Les spécialistes de la PNL se voient souvent qualifier de manipulateurs. On reproche à cette discipline de favoriser l'individualisme, d'être manipulatrice et sans éthique, car elle met les intérêts personnels au premier plan.

Considérée d'un point de vue neutre, toute action ou communication est « manipulation ». Il est donc justifié de faire ou de dire quelque chose : d'entrer en contact avec quelqu'un, de forcer l'autre à réagir. Il faut davantage se poser la question de savoir à quel prix on peut agir. Celui qui dupe son interlocuteur agit aux dépens de ce dernier. Si l'on n'évalue pas l'utilité, les avantages et les inconvénients pour l'autre, toute action est manipulatrice dans le sens négatif. *A contrario*, la PNL souhaite créer des situations desquelles tout le monde sort gagnant : des influences conscientes, des actions aidantes dans le sens d'une communication réussie de part et d'autre.

Les 15 présupposés de base de la PNL

Les présupposés de base décrivent les théories basiques et utiles et comment une communication excellente peut fonctionner.

1. Les êtres humains sont singuliers et font l'expérience du monde de manières diverses

Les êtres humains sont différents, chacun est unique. Toutefois, ils ont tendance à se considérer eux-mêmes comme une référence, à voir les choses selon leur propre point de vue.

Exemple d'un comportement partial

M. Martin, un vendeur fin technicien « high tech », pense que ses clients veulent être conseillés selon ce qui lui semble. Toutefois, il a du mal à convaincre ceux chez qui les émotions jouent un rôle important dans une décision.

Accepter la singularité de l'autre signifie qu'il faut savoir reconnaître sa valeur, le respecter lui et son individualité. Il s'agit d'admettre et d'apprécier la différence et de ne pas qualifier de « meilleur » ou de « moins bien » le fait d'être « différent ». Cela signifie également que chacun perçoit son environnement à sa façon et choisit parmi les nombreux stimuli selon des critères qui lui sont propres. Il en résulte des images, des priorités et des conclusions qui peuvent se côtoyer dans le respect mutuel.

2. L'esprit, le corps et l'environnement s'auto-influencent

Le point de vue intellectuel de l'être humain exerce une influence sur son bien-être psychique et physique, et son comportement se répercute sur sa pensée. Si l'on modifie une partie de ce système, tout le système change.

Exemple d'interaction entre l'esprit, le corps et l'environnement

Une personne qui commence à s'investir dans le domaine de la protection de la nature a une perception de son environnement qui change. Elle prend conscience, par exemple, de l'importance des émissions de CO_2. Tout d'abord, ses pensées et ses émotions se reflètent dans les expressions de son visage (insatisfaction) et de ses attitudes (influence sur le corps), puis cette personne peut ensuite s'engager dans un mouvement de protection de la nature (influence sur l'environnement).

3. Tout comportement est communication

Tout comportement contient des messages destinés à autrui, qu'il s'agisse de mouvements visibles, de paroles, d'une attitude physique ou d'un « non-comportement », notamment quand on se tait. La manière d'agir d'une personne reflète à elle seule les processus d'assimilation neurologiques internes qui la sous-tendent. Les facultés et les valeurs d'une personne ne sont pas directement perceptibles, mais sont identifiables au travers d'actions spécifiques. Tout le reste n'est que supposition, appréciation et interprétation.

4. La signification de la communication résulte de la réaction qu'elle déclenche

Il s'agit ici d'une question déterminante, en l'occurrence : du locuteur ou de l'interlocuteur, quel est celui qui occasionne une bonne ou une mauvaise communication ? Celui qui émet le message ou celui qui le réceptionne ? « Tu m'as mal compris » et « Je ne me suis pas exprimé de manière suffisamment précise » reflètent les deux pôles opposés. Si, dans la communication, des réactions non désirées surviennent, il ne sert pas à grand-chose de reporter la faute sur le récepteur. En effet, l'émetteur doit exprimer des propos que le destinataire comprend dans son sens.

> Le récepteur est plus important que l'émetteur. Ce qui compte n'est pas l'intention de ce dernier et pas plus ce qu'il veut dire, mais ce qui est réceptionné par l'interlocuteur, ce que celui-ci peut et veut comprendre. L'émetteur est responsable de sa communication.

5. Les êtres humains s'orientent à l'aide de cartes mentales

Une carte de géographie n'est pas le paysage, pas plus que la carte du menu n'est le repas ou la partition la musique. Elle est une représentation, un modèle de la réalité. La carte montre à l'utilisateur où il se trouve, les régions qui l'entourent et la distance par rapport à son objectif. Cela ne vaut pas simplement pour les cartes routières, mais également pour se situer dans le monde.

Les cartes et les modèles mentaux mémorisent les impressions sensorielles. Ils ne sont pas le monde réel, mais permettent de s'orienter. Chacun dispose de cartes mentales qui ne sont ni meilleures ni moins bien que celles des autres. Les êtres humains ont notamment ce qu'on appelle des préférences de perception, ce qui signifie qu'ils utilisent les organes des sens et apprécient les stimuli de manières différentes (voir page 26 et suivantes). Ces différences sont souvent à l'origine de conflits et d'incompréhension. Le premier pas vers la compréhension et une communication réussie consiste à apprendre à connaître et à comprendre la carte mentale de son interlocuteur (voir page 53 et suivantes). Les différences se révèlent dans le langage : les mots peuvent être utilisés de mille façons et associés à plusieurs concepts. L'utilité des cartes mentales dépend de leur emploi. Les êtres humains orientent leur action individuelle, consciemment ou inconsciemment, en fonction de ces cartes. S'ils ne peuvent changer la réalité, ils sont capables de modifier leur représentation mentale : les mesures, les appréciations, l'emploi de différentes cartes pour différents objectifs.

Si l'utilisateur réussit à varier les cartes, leur utilité augmente. Le potentiel de ces cartes réside dans les possibilités de choix individuelles.

Exemple de modifications des cartes mentales

Henri souffre d'une nette surcharge pondérale. Quand il était enfant, ses parents le consolaient avec des sucreries. Devenu adulte, lorsqu'il est sous pression, il se jette systématiquement sur le chocolat. C'est le chemin que lui montre sa carte mentale pour sortir du stress. S'il parvient à modifier sa carte de manière à ce qu'elle lui indique d'autres chemins, il pourra éviter d'absorber des calories inutiles.

6. Il est préférable d'avoir des possibilités de choix

Peu importe que l'on ait un petit ou un grand éventail de réactions possibles, l'important, c'est d'avoir le choix. La PNL permet de créer de nouvelles latitudes et alternatives. Un véritable choix consiste à bénéficier d'au moins trois possibilités différentes.

- S'il n'y a qu'un seul chemin possible, cela signifie qu'il y a contrainte et obligation.
- Deux possibilités sont préférables à une seule, mais il en résulte un dilemme : on doit opter pour l'une ou pour l'autre.
- Le choix devient réel quand on est face à trois possibilités ou plus.

Exemple de possibilités de choix

Henri se crée une alternative : se jeter sur le chocolat dans les situations de stress ou opter pour des exercices de relaxation ou de l'activité physique. Il peut ainsi faire un choix à chaque fois qu'il vit une nouvelle situation de stress.

7. Les êtres humains font le meilleur choix à partir de ce dont ils disposent sur le moment

Chaque personne a un chemin de vie personnel. Elle a donc appris ce qu'elle peut faire et comment elle peut procéder le mieux possible dans la situation où elle se trouve. Elle emploie ce qui lui est le plus utile.

Si la personne considère que l'utilité n'est pas suffisante ou bien si elle rencontre des problèmes, elle doit s'arranger pour trouver de nouvelles alternatives plus adaptées.

8. Tout comportement a un sens

Cela signifie que les êtres humains fonctionnent toujours avec justesse dans leur monde individuel et dans leur carte mentale. Il est possible que le sens échappe à l'observateur, mais il en existe toujours un aux yeux de celui qui agit.

9. Tout comportement est guidé par une intention positive

Ce présupposé de la PNL se heurte souvent au scepticisme. Comment un comportement peut-il être positif quand il a des conséquences négatives sur les autres, par exemple quand un salarié prive volontairement son collègue d'informations ?
Ce présupposé différencie le comportement d'une personne de son intention. Cela signifie que, si l'on considère la carte mentale de celui qui agit, le comportement est juste et utile. On qualifie de gain secondaire l'utilité – souvent inconsciente – qui se cache derrière un comportement non productif.

Exemple d'un gain secondaire

Un élève qui perturbe le cours veut d'abord énerver l'institutrice, qu'il n'aime pas, mais il souhaite également paraître particulièrement « cool » aux yeux de ses camarades de classe et être reconnu par eux.

Il convient de décrypter l'intention positive et le gain secondaire que dissimule le comportement. Cela peut se faire par des moyens simples et permet de modifier un comportement négatif et destructeur ainsi que des relations non productives.

10. Tout comportement est utile dans un certain contexte

Un comportement est appris et employé dans une certaine

situation. Dans ce cas précis, il est adapté. Toutefois, des manières de se comporter sont souvent exploitées dans d'autres contextes, lieux et moments alors qu'elles ne sont plus adaptées. Elles déclenchent alors des conséquences négatives. L'objectif est de trouver la manière de réagir qui convient à chaque contexte.

Exemple de dépendance du contexte

Une attitude agressive peut être adaptée à certaines situations, notamment quand la vie est menacée. Dans d'autres cas, elle sera considérée comme une attaque.

11. Les êtres humains possèdent en eux toutes les ressources dont ils ont besoin

Toute personne dispose de nombreuses facultés et ressources qu'elle n'épuise pas complètement. Cette hypothèse très positive se justifie par le fait que les êtres humains apprennent, grandissent et peuvent exploiter pleinement leur potentiel tout au long de leur vie.

Exemple de ressources

Béatrice est une bonne écolière. Toutefois, elle a quelques difficultés en français, car elle n'assimile pas bien l'orthographe. Dans le cadre de l'apprentissage, Béatrice privilégie le canal de perception « oreille ». Elle se formule les phrases mentalement, se laisse guider par les sons et écrit les mots comme elle les entend. Elle suit un cours de soutien d'orthographe qui l'aide à développer les autres organes des sens. Elle apprend à se représenter des images et des formes et à employer des mouvements pour écrire les mots.

12. Tout ce que l'être humain peut faire s'apprend

La PNL part du principe que tout ce qu'une personne a appris et maîtrisé parfaitement, une autre peut l'apprendre. Un comportement excellent peut pour ainsi dire être copié. La motivation, le dynamisme, la faculté de prendre des décisions, la créativité et la confiance en soi s'apprennent.

> La PNL se fonde sur ce présupposé. Il s'agit de faire l'apprentissage d'un modèle et de passer par les mêmes processus neurologiques, d'utiliser les mêmes cartes mentales. Le succès repose sur des bases qui s'apprennent.

13. Jl n'y a pas de défaillance, il n'y a que des signaux

Une erreur est un signal, elle montre qu'on est encore loin de l'objectif fixé. Quand on la voit comme une chance, la perspective change. À partir de ce point de vue, les erreurs sont la base qui permet de trouver des solutions. Elles définissent le degré des améliorations à faire et montrent le chemin qui permet d'atteindre l'objectif.

Les questions que vous devriez vous poser pour faire de vos erreurs des chances de vous améliorer
Qu'est-ce qui a été atteint jusqu'à présent ?
Que puis-je en apprendre ?
Qu'est-ce qui fonctionne bien ?
Que reste-t-il à faire ?
Que puis-je faire à la place des solutions trouvées ?
Quelle latitude me reste-t-il ?
Quels sont les choix qui s'offrent à moi ?

14. Quand ce que vous faites ne fonctionne pas, essayez autre chose

Ce présupposé ne vaut bien sûr que lorsque nous avons plusieurs choix possibles. Nombreux sont ceux qui adoptent systématiquement le même comportement en cas de problème, voire l'accentuent : par exemple, ils parlent encore plus fort quand subsistent des malentendus. Une telle attitude ne résout rien.

La flexibilité, qui consiste à faire tout autre chose, apporte souvent la solution. Se développer personnellement consiste à créer une plus grande flexibilité.

Ce présupposé se fonde sur le principe de culpabilité : ce n'est pas l'autre qui est responsable de la situation dans laquelle je suis. Je n'attends pas de modification de mon environnement pour avoir une optique positive. Je prends mes responsabilités et je modifie mon comportement.

Exemple d'alternatives

Le comportement d'une employée tape sur le système de son supérieur, Thomas. Les indications qu'il formule, d'après lui de façon claire, ne servent à rien. Thomas pense souvent : « Je lui ai déjà expliqué cent fois ! » – mais cent fois de la même manière, ce qui aboutit au même résultat. Pour résoudre le problème, Thomas doit modifier son comportement. Il peut demander à quelqu'un d'autre de superviser cette employée, modifier les procédures ou bien envoyer sa collègue en formation.

Le fait d'agir avec flexibilité et de trouver des alternatives vaut également pour les présupposés de la PNL : si un présupposé n'apporte rien dans une situation précise, il est nécessaire d'entreprendre autre chose. Les présupposés de la PNL ne prétendent pas être la vérité. Ils doivent être expérimentés et testés personnellement.

15. L'élément le plus flexible d'un système contrôle le système

Être flexible signifie que l'on dispose de plusieurs possibilités de choix. La personne qui fait preuve de la plus grande flexibilité, qui formule de nouvelles propositions est la plus à même de débloquer une situation. Plus on dispose d'alternatives, plus il est facile d'obtenir la réaction souhaitée de la part de son interlocuteur.

Exemple de solution résultant de la flexibilité

Lors d'une réunion, la discussion aboutit à un cul-de-sac. Aucun des participants n'est prêt à céder. L'un d'eux toutefois saisit cette occasion pour proposer de nouvelles méthodes et façons de penser ou bien des modifications. Il peut suggérer de faire une petite pause, de changer les places des différents intervenants ou de choisir quelqu'un qui anime la discussion. Cette personne s'avère être l'élément le plus flexible du groupe et permet, au travers de ses propositions, de sortir de l'impasse. De ce fait, elle exerce une influence considérable sur le système.

Notre perception du monde selon la PNL

Il existe de nombreuses théories expliquant la manière dont l'être humain pense. La PNL part du principe que, pour penser, nous utilisons nos sens : quand nous réfléchissons et que nous nous souvenons, nous voyons des images, entendons des sons, sentons des odeurs et percevons des goûts ou des sensations. Cela signifie que tous les processus mentaux sont issus d'expériences sensorielles. Pour cela, il faut que les contenus soient perçus et traités par les sens et deviennent ce qu'on appelle des systèmes de représentation : la représentation dans le cerveau, provenant de ce que nous avons perçu au travers des sens, constitue la base de la pensée.

Comment nous nous ouvrons au monde

Tout ce que nous saisissons du monde, nous en prenons connaissance au travers des cinq sens. Ce sont eux qui nous permettent de percevoir les différents stimuli, impulsions et informations.

Description	Perception	Objet
Visuel	Yeux → Voir	Images, Couleurs, Mouvements, Symboles
Auditif	Oreilles → Entendre	Bruits, Sons
Kinesthésique	Peau → Sentir	Sensation, Pression, Température
Olfactif	Nez → Sentir	Odeurs
Gustatif	Langue → Goûter	Goûts (amer, sucré, acide, salé)

Nous choisissons parmi le flux des stimuli

La conscience n'est pas capable de percevoir et d'assimiler tous les stimuli qui nous parviennent par l'intermédiaire des sens. Comme si elles passaient dans un entonnoir, nos impressions sont réduites et filtrées. Une sélection subjective (généralement inconsciente) s'opère. Seules les informations choisies parviennent au cerveau pour être traitées, appréciées et comparées avec des expériences déjà faites. Elles sont associées à des contenus présents, puis classées et enregistrées dans le système de représentation mental personnel.

En fonction de chacun, le système de représentation se fonde sur des impressions visuelles, auditives, etc. Certaines personnes emploient tel ou tel canal sensoriel et exploitent moins les autres, qui peuvent quelquefois être « bouchés ».

On ne peut toutefois pas dire qu'un système de représentation soit meilleur ou moins bien qu'un autre. Un même individu peut modifier son mode de perception selon le contexte, aussi bien dans le cadre de son travail, de sa vie personnelle ou de la pratique d'un loisir.

> **Exemple de perception dépendant du contexte**
>
> Un directeur de production perçoit à peine le niveau sonore quand il est dans son usine. Son attention visuelle est en éveil et il observe attentivement les mouvements et les lumières du pupitre de commande. Toutefois, quand il se rend le soir à son cours de chorale, il perçoit très précisément la voix des autres choristes.

Selon le canal de perception et le système de représentation qu'une personne utilise prioritairement, on parle en PNL de type visuel, de type auditif et de type kinesthésique. Il existe aussi des « types mixtes » qui alternent entre deux canaux de perception. Il est à noter que le fait de goûter et de sentir joue un rôle moindre dans nos sociétés.

Associer au langage le canal de perception prioritaire

Après que le cerveau a traité l'information, un individu manifeste souvent une réaction visible et audible qui s'exprime par des mots et qui est intimement liée à son système de perception.

1. **Langage du type visuel** : On trouvera souvent les mots suivants dans le langage employé par une personne de type visuel : noms de couleurs, « clair », « trouble », « sombre », « visiblement », « lumineux », « net », « montrer », « regarder à travers », « voir », « observer », « apparaître », « visible », « aperçu », « vision », « perspective », « point de vue », « horizon », « image », « ombre », etc.

Exemple de formulations du type visuel

« Cela paraît bien ! »
« Fais-moi part de tes lumières. »
« J'ai du mal à voir la solution. »

2. **Langage du type auditif** : Les personnes qui perçoivent davantage par l'oreille utilisent volontiers les mots suivants : « bruyant », « calme », « perçant », « compréhensible », « harmonieux », « audible », « parler », « entendre », « accorder », « taire », « insister », « annoncer », « bruit », « son », « résonance », « mélodie », etc.

Exemple de formulations du type auditif

« J'entends bien ce que vous dites. »
« Le sujet de cette conférence m'a vraiment interpellé. »
« Cela résonne comme une musique à mes oreilles. »

3. **Langage du type kinesthésique** : les personnes sensitives emploient souvent les expressions suivantes : « ferme », « léger », « fort », « mou », « prenant », « saisir », « sensible », « envahissant », « toucher », « attacher », « manier », « fatigant », « garder », « sensation », « mouvement », « pression », « pas », « pesanteur », etc.

Exemple de formulations du type kinesthésique

« Je ne sens pas bien les choses. »
« Ce film est très prenant. »
« Il faut saisir le contenu de cet exposé. »

4. **Langage des types gustatif et olfactif** : on les reconnaît aux termes suivants : « pimenté », « épicé », « doux », « délicieux », « goût », « goûter », « déguster », « sentir », « flairer », « appétit », « parfum », « odeur », « infection ».

Exemple de formulations des types gustatif et olfactif

« Il a flairé le bon plan. »
« J'ai un goût prononcé pour la peinture. »
« Je déguste mon plaisir. »

Il existe par ailleurs des mots qui sont considérés comme neutres. C'est le cas de « gentil », « poli », « être », « avoir », « attendre », « croire », « comprendre », « penser », « processus », « souvenir », « analyse », « choix », etc.

Les clés d'accès oculaires indiquent le canal sensoriel qui est actif

Le langage n'est pas le seul à donner des indications sur la manière dont une personne traite l'information. Les mouvements des yeux sont également très révélateurs. Avant de répondre à une question, il arrive souvent que notre regard erre et s'oriente soudainement dans une autre direction. Nous réfléchissons, nous nous souvenons ou bien nous menons un dialogue intérieur.

La PNL part du principe que les clés d'accès oculaires, c'est-à-dire la position des yeux quand nous sommes soumis à des processus internes, indiquent la manière dont nous traitons l'information. Selon que nous pensons à des images, des résonances, des odeurs, des goûts, des sentiments, nos yeux bougent dans des directions différentes. Avec un peu de pratique et à l'aide des clés d'accès oculaire, il est possible de savoir si la personne qui est en face de nous pense en images, en sons ou en sensations.

Canal	Position des yeux
Visuel créé La personne crée des images à partir de situations ou de choses qui ne se sont pas encore produites (par exemple : « À quoi ressemble un lapin rose ? »)	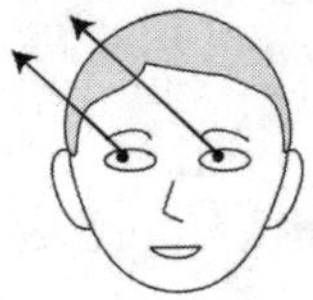
Visuel remémoré La personne voit les images d'événements passés ou se souvient de choses (par exemple : « À quoi ressemblait l'aménagement de mon bureau ? »)	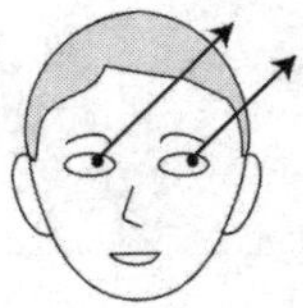
Auditif créé La personne crée des bruits, des sons, des voix et des mots (par exemple : « Comment se prononce mon nom écrit à l'envers ? »)	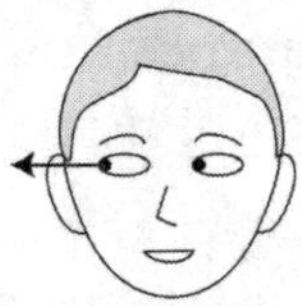
Auditif remémoré La personne se souvient de sons et de mots (par exemple : « Quel est l'air de *La Petite Musique de nuit*, de Mozart ? » ou « À quoi ressemble la sonnerie de mon téléphone portable ? »)	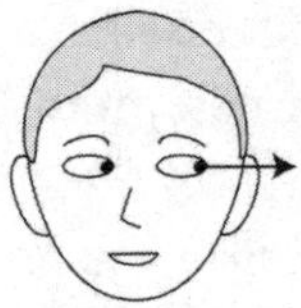
Représentation kinesthésique Ce sont les mouvements des yeux quand quelqu'un est sous l'emprise d'un sentiment, mais aussi quand il perçoit un goût ou une odeur (par exemple : « Quelle sensation provoque le sable sur la peau ? » ou « Quel est le goût de l'ananas ? » ou encore « Quelle est l'odeur d'un œuf pourri ? »)	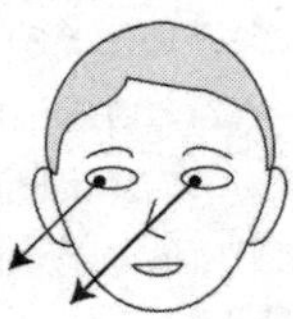

Canal	Position des yeux
Dialogue intérieur La personne se parle intérieurement à elle-même et se pose des questions (par exemple : « Quel est le pour et le contre ? » ou « Comment résoudre ce problème ? »)	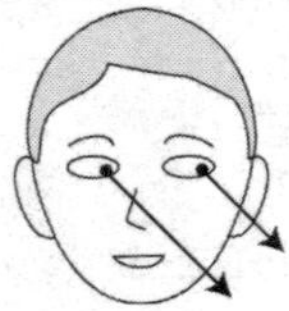

Les illustrations vous indiquent les mouvements des yeux de votre interlocuteur quand vous êtes assis en face de lui.

> Chaque personne est unique. Les clés d'accès oculaires doivent donc être testées individuellement. Généralement, les mouvements s'inversent chez les gauchers.

Comment employer ces notions dans le travail et le quotidien

Les types de perception, la traduction en langage et les clés d'accès oculaires peuvent, dans la pratique permettre de trouver des solutions plus adaptées, même si ces concepts paraissent abstraits.

Augmenter l'efficacité de la communication par un langage sensoriel spécifique

Quand on emploie le langage, par exemple dans le cadre d'une discussion avec un client, d'une conversation téléphonique, d'un discours – ou le langage écrit dans le cadre d'une brochure publicitaire – il est toujours possible d'améliorer la performance de la communication si on a alternativement recours aux différents systèmes de représentation. Il est ainsi plus probable que le récepteur reçoive le message, qu'il soit de type visuel, auditif ou kinesthésique. Toutefois, l'émetteur utilise généralement son canal de prédilection. Pourtant, il est préférable de formuler le message de manière qu'il soit saisi par tout le monde et donc d'employer des mots correspondant à tous les systèmes de représentation. Le langage neutre – et de ce fait quelquefois ennuyeux – bénéficie d'un autre avantage : l'information est plus claire et interpelle plus facilement.

Les clés d'accès oculaires peuvent également être d'une aide utile si vous positionnez les éléments visuels en conséquence.

Exemple

Nathalie prépare un exposé. Pour que ses auditeurs enregistrent plus facilement l'information, elle positionne les propos traitant de l'objectif à atteindre dans l'avenir en haut à droite de la feuille. En revanche, elle place le produit et le slogan, lesquels doivent solliciter les sens, en bas à droite.

Indiquez sur vos documents, en vous aidant de marqueurs de couleurs ou de symboles, les systèmes de représentation des expressions que vous avez choisies. Vous saurez ainsi rapidement si un texte s'adresse ou non à tous les canaux sensoriels et si les informations sont idéalement positionnées.

Apprendre au travers de tous les canaux

Il a été prouvé que les faits et les données s'apprennent plus facilement quand on active simultanément plusieurs canaux sensoriels. Les bons enseignants s'adressent de ce fait aux différents types de perception :

- en utilisant des images, des diagrammes, des symboles, des dessins, des caricatures, etc. (canal visuel) ;
- en ayant recours aux discussions, aux débats, en

posant des questions et en favorisant la lecture de textes à voix haute, etc. (canal auditif) ;

- en proposant des exercices, des exemples pratiques, des jeux, des mises en scène, etc. (canal kinesthésique).

De même, si vous voulez apprendre quelque chose et rester le plus près possible du contenu, vous pouvez exploiter tous les canaux sensoriels :

- **canal visuel** : utilisez les symboles et les couleurs, reportez les textes et les données dans des diagrammes et des représentations graphiques (carte des idées), etc. ;
- **canal auditif** : racontez à un ami ce que vous avez appris, faites en sorte qu'on vous questionne, enregistrez vos connaissances sur une cassette, par exemple, etc. ;
- **canal kinesthésique** : faites des cas pratiques, mettez par écrit l'essentiel, etc.

Améliorez vos connaissances humaines

Plus vous parvenez à une bonne connaissance aussi bien de vous-même que de vos interlocuteurs, plus vous êtes susceptibles d'améliorer votre communication. Pour cela, vous pouvez avoir recours consciemment au système de représentation :

1. En vous connaissant vous-même. Voyez quels sont les mots et les canaux sensoriels que vous privilégiez. Pensez-vous en images ? Êtes-vous particulièrement gêné par le bruit ? Accordez-vous de l'importance à une atmosphère agréable ? Vous fiez-vous souvent à votre intuition ? Quelles sont les formulations que vous utilisez le plus (voir page 90 et suivantes) ?

2. En écoutant très précisément les autres et en identifiant leurs mots-clés. La communication est entravée quand une personne prépare sa réponse pendant que son interlocuteur est en train de s'exprimer. Écouter attentivement, c'est aussi se demander comment et avec quels mots son interlocuteur illustre le sujet.

3. En employant avec flexibilité des mots sensoriels tout en passant d'un canal à un autre. On peut souvent relancer une discussion en modifiant le niveau de traitement du langage.

4. En assouplissant la communication avec des collègues de travail, des clients ou des membres de sa famille, en ayant recours aux clés d'accès oculaires. Si vous identifiez chez votre interlocuteur la position « en haut à gauche » comme étant le canal visuel, vous pouvez facilement vous mettre au même niveau de langage que ce dernier. Choisissez des mots relevant du vocabulaire visuel : par exemple : « Comment vois-tu ma proposition ? » En revanche, si votre interlocuteur privilégie le canal auditif, demandez-lui : « Comment entends-tu ma proposition ? »

Identifier et employer activement les canaux de perception nécessite de la pratique. Ne vous lancez pas dans l'analyse à l'occasion de discussions professionnelles importantes. Faites-vous la main sur votre entourage proche.

2

Première technique : Comment établir le contact ?

Le bon contact avec l'interlocuteur est la condition *sine qua non* qui préside à une communication réussie.

Le rapport en tant que base d'une communication réussie

Une communication se révèle positive quand l'interlocuteur se sent compris et accepté. Il ne s'agit pas de se trouver mutuellement sympathique, mais davantage de faire en sorte que la confiance et l'aptitude à accepter les différences servent de base à la communication.

La création de l'harmonie

En PNL, le « rapport » décrit la communication, le flux qui circule entre deux personnes et plus, le fait d'être en harmonie les uns avec les autres. Notre langue possède de nombreuses expressions pour qualifier cet état : par exemple, « être sur la même longueur d'ondes » ou « avoir un bon feeling ». Le rapport, c'est une attitude de respect envers l'interlocuteur qui est la base commune de deux univers différents. Chaque participant est responsable de la communication, qu'il soit auditeur, interprète ou organisateur. Le rapport est la base qui permet :

- d'organiser une communication réussie – verbale ou non verbale – entre plusieurs personnes ;
- d'utiliser les facultés de communication conscientes ou non ;
- d'explorer et de comprendre l'univers de l'interlocuteur ;
- de créer des liens solides ;
- d'induire des changements (par exemple dans le domaine du conseil, de la vente, dans le cadre de l'éducation ou bien pendant des processus décisionnaires) ;
- d'établir une acceptation personnelle ;
- d'assurer l'acceptation dans le cas d'une communication asymétrique (par exemple accusé-juge, élève-professeur, supérieur hiérarchique-collaborateurs, etc.) ;
- de créer des processus de communication fondés sur la confiance, le respect et l'aptitude à communiquer.

Communiquer à deux niveaux

Les êtres humains établissent le meilleur rapport possible dans leur communication quand les signaux qu'ils envoient sont en harmonie les uns avec les autres.

Les messages concordent-ils ?

Les propos, le langage, le son de la voix, les mimiques et les gestes doivent être en accord. Si ce n'est pas le cas, le langage du corps et le contenu des mots sont en opposition. L'interlocuteur s'attache alors davantage aux signaux non verbaux et ne croit pas ce que disent les mots. La communication est constituée en grande partie du langage corporel, qui est une communication non verbale. Des spécialistes américains ont démontré que le résultat d'une communication ne dépend que de 7 % de ce que les interlocuteurs disent.

Le « comment » est déterminant : Il transmet plus d'informations que le contenu pur, les mots et le texte.

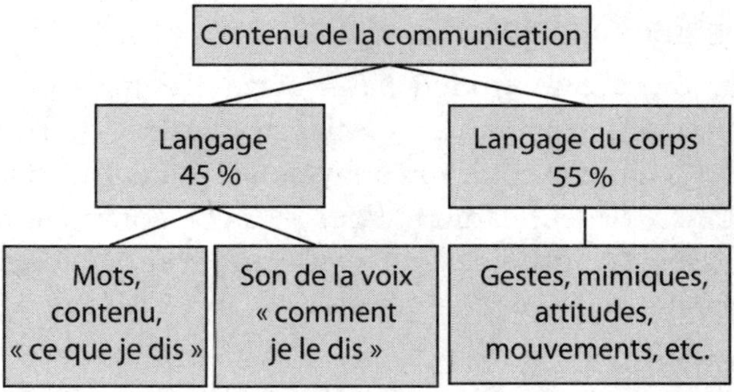

Le langage du corps s'adapte

Quand deux personnes entrent en contact l'une avec l'autre ou bien sont en harmonie, elles adoptent très souvent un langage corporel semblable ou identique.

Exemple de rapport entre deux personnes

Un jeune couple se retrouve dans un bar. Chacun a commandé un café. Les deux personnes boivent presque au même moment une gorgée, comme si elles s'envoyaient un signal discret. Leurs mimiques, leurs sourires et leur contact visuel s'effectuent au même rythme. Leur attitude corporelle est presque identique : elles ont croisé leurs jambes de la même manière. Pendant la conversation, la jeune femme pose ses coudes sur la table, ce que s'empresse de faire le jeune homme peu de temps après. On a l'impression que ces deux êtres sont en parfaite harmonie l'un avec l'autre.

Ces techniques et comportements pour entrer en contact les uns avec les autres ne se retrouvent pas seulement chez les amoureux. Quand plusieurs personnes se promènent, elles adaptent inconsciemment la longueur de leur pas les unes sur les autres. Quand un adulte parle à un enfant, il se baisse automatiquement pour se mettre à sa portée.

Le langage s'adapte

La même chose se produit dans le cadre d'une communication verbale : quand des spécialistes parlent de leur domaine d'activité avec des néophytes, ils évitent d'employer des termes de leur jargon. Pour se faire comprendre, ils s'adaptent au langage de leur interlocuteur et emploient des expressions qu'il peut comprendre.

Le rapport consiste très exactement à trouver ce que l'on en a en commun. C'est ce qui nous lie à notre interlocuteur, ce qui crée la confiance et bâtit un pont sur lequel on peut marcher ensemble.

> La PNL accorde une grande signification à ce processus de mise en confiance : le rapport est la condition *sine qua non* à une communication réussie. Sans rapport, il n'y a pas de communication pertinente.

Une meilleure entente en trois étapes

La plupart des gens utilisent inconsciemment la communication verbale ou non verbale pour établir un contact et instaurer une confiance réciproque. Les spécialistes de la PNL utilisent pour cela trois techniques : le *pacing*, ou effet miroir, le *leading*, ou conduite, et le calibrage.

1. Le *pacing*, ou comment créer activement un rapport

Le mot anglais *pace* signifie « pas », « allure ». En PNL, le terme *pacing* décrit le processus qui consiste à se référer, au sens propre, à l'allure, au pas de l'interlocuteur. Il s'agit d'enregistrer ses signaux et de les reproduire.

Ce processus est également appelé « effet miroir ». La confiance se crée entre deux personnes par le fait que l'une d'elles s'adapte, à un ou plusieurs niveaux, au comportement de son interlocuteur. Elle agit activement pour créer un bon rapport.

Exemple

Christine est directrice du personnel dans une entreprise de taille moyenne. Il est particulièrement important pour elle de choisir de bonnes recrues. Les entretiens d'embauche avec les jeunes candidats sont quelquefois difficiles, car ces derniers sont souvent timides, inquiets ou tendus. Pour pouvoir évaluer ces jeunes gens de manière réaliste, Christine souhaite que l'atmosphère soit détendue. Dans un premier temps, elle crée, en ayant recours à l'effet miroir, un rapport de confiance : elle adopte au début de la discussion la même attitude que le candidat et fait en sorte d'adapter sa voix à celle de son interlocuteur. En général, les candidats parlent doucement et lentement. Christine s'identifie de cette manière au langage parlé et au langage corporel de la personne à laquelle elle s'adresse.

Comment employer le *pacing* ?

On peut s'accorder à l'interlocuteur en réagissant aux signaux que celui-ci envoie au travers des différents canaux et notamment en ce qui concerne :

- l'attitude physique (par exemple en se tenant la tête ou en positionnant ses jambes de la même manière que l'interlocuteur) ;
- la gestuelle (en copiant le langage de ses mains) ;
- les mouvements (en allant dans la même direction et à la même vitesse) ;
- la manière de parler (en s'adaptant aux intonations de sa voix et à sa vitesse de parole) ;
- le rythme de la respiration et la manière de respirer (en respirant également par le ventre ou la cage thoracique) ;
- les expressions de langage (en choisissant les mêmes mots et niveau de langage, ainsi que la même longueur de phrase) ;
- les manières de penser et les préférences sensorielles (en utilisant son niveau de langage privilégié) ;
- les points communs (en cernant ses centres d'intérêt, ses valeurs, etc. et en en parlant).

Éviter les erreurs

L'emploi conscient de l'effet miroir n'est pas simple. Les débutants s'exposent au risque de mimer ou de « singer » leur interlocuteur. Cela ne contribue pas à créer un climat de confiance et peut même être vexant.

Il est donc important de savoir comment régler son pas sur celui de l'autre. Il faut trouver le bon dosage et utiliser l'effet miroir à plusieurs niveaux et avec respect pour s'accorder à son partenaire.

Votre *pacing* est-il adapté ?

Manière de procéder	oui	non
J'utilise le pacing très prudemment, par exemple en reproduisant quelques mouvements.		
Je copie mon comportement par petites touches.		
J'effectue les mêmes mouvements que mon interlocuteur quand je commence à parler.		
Je fais des petites pauses et je laisse un peu de temps s'écouler entre l'intervention de mon interlocuteur et ma réaction.		
Je n'exploite pas toutes les possibilités de l'effet miroir.		
Si vous avez coché un maximum de « oui », votre pacing est excellent. Si vous avez plutôt répondu par « non », vous pouvez encore vous améliorer.		

2. Le *leading*, ou comment emmener l'autre avec soi

Le terme *leading* signifie « conduite ». Cette technique consiste à conduire les gens, à changer de direction et à gagner la confiance de l'interlocuteur. Mais avant de conduire, il faut s'être bien ajusté à la personne en face. Le *leading* sera vain s'il n'existe pas un contact préalable avec l'interlocuteur et si on ne vient pas le chercher là où il est. Dans le cas où l'on y parvient en ayant recours au *pacing*, celui qui conduit peut alors varier avec prudence les comportements qu'il a reproduits jusqu'à ce qu'il obtienne les modifications souhaitées chez son interlocuteur.

Les fonctions du *leading*, ou conduite

Dans le processus de communication, la conduite remplit deux fonctions importantes :

1. Celui qui conduit peut rapidement et simplement vérifier

si le rapport créé avec son interlocuteur est suffisant : la discussion a lieu depuis un certain temps et celui qui conduit adopte les attitudes et le langage de la personne qui est en face de lui. Il modifie son attitude, sa vitesse de parole et sa voix. Si son interlocuteur le suit et reproduit ses comportements, cela signifie que le rapport est réussi et que la communication peut se poursuivre sur une bonne base.

2. La conduite offre la possibilité de s'engager sur de nouvelles voies. Si le rapport établi est bon, le changement de comportement de celui qui conduit peut contribuer à la création de nouveaux objectifs, de nouveaux points de vue et améliorer l'atmosphère.

   Dans ce cas également, on peut exploiter tous les canaux, aussi bien verbaux (il est possible de faire appel à d'autres systèmes de représentation) que non verbaux (au travers des gestes et des changements de comportement).

Exemple de conduite

Grâce à l'effet miroir, Christine, la directrice du personnel, est parvenue à établir un bon contact avec le candidat et à gagner sa confiance. Elle veut maintenant parvenir à le détendre et pour cela, elle a recours à la conduite. Progressivement, Christine modifie son comportement et abandonne une attitude précédente. Sa voix devient plus ferme et un peu plus forte. Le candidat la suit. Peu à peu, Christine parvient à le capter. Le candidat l'accompagne, et la discussion se poursuit dans une atmosphère agréable.

Comment assurer le succès de la conduite

La conduite ne fonctionne bien que si certaines conditions sont remplies :

- une bonne base de communication ;
- une confiance en celui qui conduit ;
- un respect de l'univers et des valeurs de la personne qui est conduite ;
- un respect de l'univers et des valeurs de la personne qui conduit ;
- une grande sensibilité et des facultés de perception subtiles pour provoquer des modifications au niveau verbal et non verbal chez l'interlocuteur.

3. Le calibrage, ou comment se réadapter à son interlocuteur

Les perceptions et les jugements doivent toujours être révisés et calibrés.

« Mon tailleur est la seule personne qui a un comportement raisonnable. Il prend à chaque fois les mesures quand il me voit alors que tous les autres utilisent les anciennes mesures pour travailler », disait Mark Twain.
Le calibrage consiste à se réadapter à la personne que l'on a en face de soi, à la réévaluer et à faire des réglages : c'est la faculté d'identifier et de comparer deux ou plusieurs états différents chez l'interlocuteur ou, pour être plus précis, de percevoir les modifications par rapport à un état neutre. Chacun de nous en est capable : il suffit de faire appel à ses sens et les affiner. Par exemple, quand quelqu'un se met en colère, ses lèvres s'amincissent, sa peau blêmit ou rougit et sa voix s'étrangle. Celui qui remarque de tels changements peut réagir en conséquence.

> La capacité à calibrer varie d'un individu à un autre. De plus, les modifications ne sont pas toujours nettement visibles. Il importe donc de vérifier constamment notre propre évaluation de la personne qui est en face de nous.

Quels sont les bénéfices du calibrage ?

Le calibrage est une technique de base de la PNL qui apporte aux spécialistes des informations sur l'état et la qualité de la communication.

- Celui qui calibre se réadapte sans cesse à la personne, à la situation et aux processus observés pour augmenter le sentiment de sécurité dans la communication.
- En supposant que le corps et l'esprit s'auto-influencent, les différences visibles et identifiables permettent de déduire les processus intérieurs. Les conseillers contrôlent l'action de leurs interventions et de leurs messages en comparant les différentes manifestations physiologiques de leur client. Un vendeur voit que son client se ferme à ses propositions sans que ce dernier ne s'exprime verbalement.
- Les êtres humains traitent les informations chacun à leur manière et manifestent des réactions différentes. Calibrer signifie que l'on ne généralise pas des observations, mais que l'on se réfère constamment à l'interlocuteur. On évite ainsi les incompréhensions et une évaluation généralisée selon des schémas fixes.
- La comparaison de ses propres comportements et perceptions sensorielles avec ceux d'autres individus permet de vérifier des modèles et projections personnels.

Perfectionnez vos facultés de perception

Demandez à un bon ami de se prêter à un petit exercice. L'objectif est de vous permettre de percevoir les signaux visibles de votre interlocuteur dans ses différents états et d'enregistrer précisément les différences.

Première étape : Posez une question simple et neutre à votre ami. Ce dernier ne doit pas vous communiquer la réponse, mais seulement la penser intérieurement. Observez l'état normal et neutre : comment est son visage ? Quelle attitude adopte votre ami ?

Exemple de question neutre

« Où as-tu garé ta voiture ? »

Deuxième étape : Demandez à votre interlocuteur de penser pendant deux minutes à quelqu'un qu'il aime bien et qu'il trouve sympathique. Il ne doit pas s'exprimer à haute voix. Posez-lui d'autres questions pour l'aider à visualiser complètement la personne qu'il apprécie. Observez attentivement les modifications de son attitude, de la couleur de sa peau, mais aussi les mimiques, les tensions musculaires et la manière dont tout son corps s'anime.

Exemple de questions pour faciliter la visualisation

« À quoi ressemble cette personne ? »
« Comment parle-t-elle ? »
« Qu'est-ce que tu apprécies chez elle ? »

Troisième étape : Demandez à votre ami de penser de nouveau à quelque chose de neutre. Questionnez-le sur le jour et l'heure. Faites une petite pause pour lui laisser le temps de retrouver l'état neutre.

Quatrième étape : Demandez-lui maintenant de penser à une personne qu'il n'aime pas et ne trouve pas sympathique, quelqu'un pour lequel il a une véritable aversion. Laissez-lui suffisamment de temps pour se la représenter et aidez-le en lui posant d'autres questions. Vous constaterez rapidement que des changements se produisent chez lui. Observez ses attitudes, ses gestes, ses mimiques et sa tension musculaire.

Cinquième étape : Comparez maintenant les trois états physiologiques. Qu'est-ce qui a changé chez votre ami à chaque fois ? Quelles différences avez-vous pu constater ?

Sixième étape : Calibrez et affinez vos observations. Posez des questions à votre ami sur les deux personnes auxquelles il a pensé. Il doit à nouveau se les représenter.

Conclusion : En observant précisément les signaux non verbaux, vous saurez si votre interlocuteur pense à la personne qu'il aime ou à celle qu'il ne trouve pas sympathique. Vous n'avez pas besoin des mots.

Exemple de questions concernant les deux personnes

« Laquelle des deux est la plus grande ? »
« Laquelle est la plus âgée ? »
« Laquelle des deux a le plus d'enfants ? »

Construire consciemment le rapport

Dans la vie courante, nous exploitons inconsciemment nos facultés pour établir une communication positive. Nous construisons un rapport de manière intuitive, mimons le comportement de notre interlocuteur et résolvons les conflits. Quand la communication fonctionne bien, les changements ne sont pas nécessaires et les techniques de communication qui sont employées peuvent être conservées.

Construire un rapport de manière ciblée

Toutefois, il existe des situations dans lesquelles il est utile de construire un rapport de manière consciente et ciblée, notamment lorsque, dans les processus de communication, les techniques employées n'apportent rien. Il y a des changements en perspective quand :

- le contact et la base commune ont été perturbés (en raison, par exemple, de phénomènes extérieurs) ;
- les processus de communication ont été interrompus ;
- des problèmes de communication apparaissent nettement ;
- les différents interlocuteurs atteignent leurs limites personnelles (mauvaise maîtrise des techniques, obstacles émotionnels) ;
- de grandes différences sont identifiables dans les modes de pensée et les façons de travailler des partenaires ;
- les partenaires ne se connaissent pas et qu'il est nécessaire d'établir rapidement une base de communication commune ;
- des objectifs personnels et clairs doivent être atteints.

> L'emploi conscient et responsable des techniques de la PNL (l'instauration d'un rapport, l'effet miroir, la conduite et le calibrage) permet de surmonter des difficultés et d'organiser activement le processus de communication.

Rompre consciemment le rapport

De même que vous pouvez intentionnellement construire le rapport, il est possible de le rompre. Pour ce faire, le partenaire opère des changements conscients de la manière la plus élégante possible (car cela doit être fait avec beaucoup de doigté) : il modifie ses mimiques, son contact visuel, instaure une distance, change son attitude et sa voix (le silence est aussi un signal efficace).
Les mots sont également très utiles : on peut annoncer clairement le sujet ou l'objectif, dire « non merci » ou « aujourd'hui, ce n'est malheureusement pas possible, voyons cela plus tard… », « volontiers, mais pas maintenant » ou encore « pas ainsi », etc.

La rupture d'un rapport peut être utile dans les situations suivantes :

- un ou plusieurs interlocuteurs ont besoin d'une petite pause pour faire le plein d'énergie ;
- on accorde une pause à l'interlocuteur, par exemple, dans le cas d'une signature de contrat pour lire les textes ;
- la conversation ne peut être poursuivie par manque d'informations, parce que la documentation n'est pas complète et qu'il faut la demander à un autre service ;
- parce que des détails nécessitent d'être éclaircis ;
- le temps imparti touche à sa fin ;

- l'objectif de la discussion est atteint ; cela vaut aussi pour un entretien téléphonique ;
- les rendez-vous s'enchaînent ;
- la discussion ne prend pas l'orientation souhaitée et n'a pas l'effet escompté.

Changer de perspective en ayant recours aux positions perceptuelles

Un changement de perspective procure de nouvelles informations qui sont plus adaptées. Il permet de voir les choses autrement et de mieux comprendre la situation et la personne qui est en face. Toutefois, il faut connaître chez son interlocuteur sa façon de voir du moment. Elle peut être soit associée soit dissociée.

Une personne est associée quand ses sentiments sont en jeu et qu'elle n'a pas ou peu de distance par rapport à une situation donnée.
En revanche, elle est dissociée quand elle est neutre, qu'elle a une certaine distance et qu'elle analyse la situation sans émotion.

Associé	Dissocié
La personne est « sur elle ».	La personne est « à côté d'elle ».
Elle est pleinement investie.	Elle est distanciée par rapport à la situation.
Tous ses sens sont en éveil : elle voit, elle entend, elle sent.	Elle se positionne en observateur neutre.
Elle a une perception directe, sans distanciation.	La perception est peu ou pas émotionnelle (distance intérieure).
Elle a des avis subjectifs et personnels.	Elle décrit et n'émet pas d'avis personnel.

Les trois positions perceptuelles

En PNL, ce qu'on appelle les positions perceptuelles sont censées permettre d'élargir la vision des choses. Il existe trois positions : la mienne, celle de l'autre et celle de l'observateur. Elles ont chacune leurs propres caractéristiques.

Chaque position présente des avantages et des inconvénients. Celui qui est capable de prendre en compte les différents points de vue et d'en tirer des informations est plus à même d'évaluer une situation ou un conflit dans son ensemble.

Exemple de conflit

Anne est directrice du personnel dans une entreprise qui s'est considérablement développée ces dernières années. Son volume de travail a beaucoup augmenté, et Pierre a été embauché comme assistant pour l'aider. Anne est très contente du travail de Pierre, toutefois leur relation est souvent émaillée de conflits.

Anne se fait suivre par un coach professionnel et lui fait part de ses préoccupations. Les trois positions perceptuelles lui permettent alors d'obtenir davantage d'informations sur la situation de conflit et d'avoir un autre point de vue.

Ma position, ou connaître mon propre point de vue

La première position perceptuelle, la plus quotidienne, est celle du « je ». L'être humain est lié à ce qu'il vit au travers de ce qu'il perçoit et emploie ses cinq sens pour déchiffrer le monde. On dit alors qu'il est associé. Dans cette première position, il n'a pas besoin de réfléchir beaucoup, car de nombreux processus sont inconscients.

Exemple illustrant la première position

Le coach amène Anne à adopter la première position. Il lui demande comment elle perçoit la situation et si elle a conscience des sentiments qui l'habitent. Elle est en colère parce que le travail est toujours freiné par les objections et les propos de son assistant. Elle entend ses fausses excuses et sent fortement la colère monter en elle, alors même que la situation n'est pas réelle.

- **Avantages** : Cette première position permet d'être concentré sur soi et d'identifier ses propres besoins, sentiments, désirs et points de vue. De ce fait, on prend conscience de sa propre manière de voir les choses et on accède à ses ressources. Celui qui sait ce qu'il veut renforce son « moi ». Cependant, l'interlocuteur aussi bénéficie des avantages de cette position adoptée par l'autre dans la mesure où il peut mieux évaluer l'individu qu'il a en face de lui parce que ce dernier est congruent dans ses propos et ses actes.

- **Inconvénients** : Si l'on persiste dans la première position, on finit par ne plus voir que ses propres modèles et points de vue et l'on manque de flexibilité. On n'exploite pas la possibilité d'avoir une distance critique, de percevoir ce que ressent l'interlocuteur par rapport à la situation et d'évoluer personnellement.

La position de l'autre, ou prendre en compte l'angle de vue de l'autre

La deuxième position explore l'univers de l'autre. Elle permet de ressentir, penser, voir et entendre comme lui. Celui qui adopte la deuxième position est dissocié de lui-même parce qu'il a pris de la distance. En revanche, il est complètement associé à l'autre. Il s'agit pour lui d'explorer la vision du monde de son interlocuteur et de la comprendre. « N'émets pas d'avis sur quelqu'un si tu n'as pas marché pendant un mille au moins avec ses propres mocassins », dit un vieux proverbe indien.

Dans la pratique, il arrive souvent que les gens qui se sont investis dans la position de l'autre changent soudainement leur façon de parler. Ils utilisent le vocabulaire, la gestuelle et les mimiques de leur interlocuteur et perçoivent le monde avec ses yeux et ses oreilles.

Exemple illustrant la position de l'autre

Le coach d'Anne l'incite à adopter la deuxième position afin qu'elle puisse avoir accès au mode de pensée et de sensibilité de son assistant. Anne s'associe à la manière de penser de Pierre. Elle se demande ce qui est important pour lui en tant qu'assistant d'Anne. Elle comprend alors qu'il est démuni face à l'énervement visible de sa responsable et à ses instructions concises. En se mettant à la place de Pierre, elle prend conscience que les tentatives de ce dernier pour argumenter son point de vue sont frustrantes et peu motivantes car elles ne sont pas entendues et qu'il n'existe pas de véritable dialogue entre eux deux.

- **Avantages** : En changeant son point de vue, la personne comprend mieux comment son interlocuteur évalue la situation, ainsi que ses besoins et ses émotions. Plus nous parvenons à nous détacher de notre propre vision des choses, de notre mode de pensée et de nos habitudes, mieux nous réussissons à avoir accès à l'univers et à la carte mentale de l'autre. En abandonnant (pour un court laps de temps) nos propres filtres et manières de penser, nous avons accès à un autre vécu, à de nouveaux bruits, images et sentiments. Nous élargissons ainsi notre propre univers et nous nous enrichissons. La flexibilité personnelle est plus importante et l'intuition sociale se développe.

- **Inconvénients** : Celui qui investit trop la deuxième position risque de faire passer les intérêts des autres avant les siens. Ce type de personne souffre souvent d'une faible conscience de sa propre valeur et ne vit pas sa vie propre.

L'observateur, ou analyser objectivement la situation

En troisième position, nous devenons l'observateur neutre qui évalue le « je » et l'autre. Ce dernier est libéré des émotions et analyse la relation qu'entretiennent la première et la deuxième position. La troisième position perceptuelle est dissociée aussi bien du « je » que de l'autre.

Exemple illustrant la position de l'observateur

Anne a maintenant un regard extérieur sur ce qui se passe et projette une situation de conflit concrète comme un film sur un écran. Elle n'agit pas directement et peut observer de loin et d'un œil critique, non empreint d'émotions, les deux interlocuteurs. Anne identifie alors immédiatement le déséquilibre de la communication. La manière dont se déroulent les entretiens, les attitudes et le ton des conversations sont responsables du manque de motivation de Pierre, qui déclare forfait. Si son comportement en tant que supérieur hiérarchique lui paraît adapté, elle reconnaît toutefois ses erreurs.

- **Avantages** : Une personne qui observe une situation en troisième position n'est pas liée à ses émotions. Elle prend du recul et émet un point de vue extérieur. L'observateur ne fait pas partie du système de communication et n'emploie ni les modèles ni les interactions de ce dernier. Il n'est plus sous l'emprise des émotions et des méandres de la communication, qui sont probablement le lot des deux autres positions. Il identifie clairement les règles du jeu, les structures et les ébauches de solution. L'observation dissociée élargit considérablement le point de vue, reconnaît les dépendances et analyse objectivement la situation.

- **Inconvénients** : Une personne qui préfère nettement la troisième position n'a sans doute pas ou peu de sentiments. De même, elle est peu sensible à ceux de son interlocuteur. Elle a une vision du monde plutôt distanciée et analyse froidement la relation qu'entretiennent le « je » et l'autre.

Exemple d'expérience positive

Les trois positions perceptuelles ont permis à Anne de prendre connaissance des différents points de vue. En conséquence, elle peut en tant que cadre supérieur modifier et adapter son comportement.

Questions à se poser dans chaque position perceptuelle

Dans la position du « je »
« Qu'est-ce que je pense [de moi] ? »
« Comment je vais ? »
« Comment je juge la situation ? »
« Quel avis ai-je sur mon interlocuteur ? »
Dans la position de l'autre
« Si j'étais l'autre, que penserais-je de moi ? »

« Si j'étais à la place de l'autre, comment me sentirais-je dans cette situation ? »
« Quelle serait mon opinion à propos des autres personnes participantes ? »
« Quelle serait mon évaluation de la situation dans cette hypothèse ? »
Dans la position de l'observateur
« Comment se comportent les deux premières positions l'une avec l'autre ? »
« Quelles réactions déclenche le comportement individuel des personnes ? »
« Comment évolue le dialogue et que manque-t-il dans la communication entre les personnes de la première et de la deuxième position ? »

Comment adopter les différentes positions

Il n'est pas facile de réussir du premier coup à passer d'une position à une autre. La PNL emploie différentes techniques pour faciliter ce processus.

> Le changement de position peut être facilité par un changement dans l'espace, par exemple, par le fait de s'asseoir sur une autre chaise ou bien d'aller dans une autre pièce. Cela permet de créer une distance par rapport à la position précédente et l'on peut ainsi adopter un autre point de vue plus aisément.

Adopter la première position

La technique de l'association aide à adopter la première position. Pour ce faire, il est nécessaire d'avoir recours aux différents systèmes de représentation (voir page 67 et suivantes).

- En PNL, s'associer visuellement ne consiste pas seulement à se représenter intérieurement une situation ou un individu. Il s'agit davantage de modifier, à l'intérieur de l'image qui se présente, les différentes qualités qui font partie du canal sensoriel « voir », ce qu'on appelle les sous-modalités (voir page 106 et suivantes). Comme si elle utilisait un régulateur, la personne modifie la taille, les couleurs et l'ordre des différents éléments, change les contours et la clarté.

- Pour s'associer au niveau auditif, la personne s'immerge d'abord dans le contexte acoustique de la situation pour pouvoir ensuite en modifier les qualités auditives. Elle peut s'imaginer que les voix, les bruits et les sons sont plus forts, plus bas, plus courts, plus longs, interrompus ou continus.

- Pour s'associer au niveau kinesthésique, la personne se concentre sur les sensations du corps. Y a-t-il une région du corps qui se distingue nettement des autres au niveau du ressenti, parce qu'elle est par exemple plus chaude ou plus tendue ?

La technique de l'association permet, au travers des nombreux détails qui suscitent l'intérêt d'adopter complètement la première position et de découvrir des aspects tout à fait nouveaux.

Le « faire comme si », ou comment adopter la deuxième position

Pour adopter la deuxième position il est indispensable de faire comme si l'on était l'autre personne. Il faut se représenter en détail la manière dont l'interlocuteur se comporte, comment et où il vit et ce qui compte pour lui.

Les sens jouent à nouveau dans ce contexte un rôle important. Pour s'investir totalement dans la personnalité de l'autre, il faut entendre ce qu'il entend, voir ce qu'il voit et sentir ce qu'il sent. On s'immerge complètement dans le mode de vie et de pensée de son interlocuteur de manière à vivre les mêmes expériences, à avoir les mêmes envies et les mêmes attentes : c'est la simulation d'un autre univers. Plus la simulation et l'association sont réussies, plus on a d'informations sur l'autre personne.

Les techniques de dissociation permettent d'adopter la position de l'observateur

En ayant recours aux techniques de dissociation, nous pouvons prendre du recul par rapport à des situations vécues par nous-même ou par d'autres. Nous sortons pour ainsi dire de l'action qui se déroule, prenons de la distance et évaluons l'état de fait de manière neutre et avec le moins d'émotions possible. Tout comme les sens permettent un rapprochement quand il s'agit d'associer, ils favorisent la prise de recul quand il s'agit de dissocier :

- Dans le cadre de la dissociation visuelle, l'observateur modifie sa position par rapport à l'image qui se présente, comme s'il observait la situation depuis un hélicoptère, du haut d'une montagne ou au travers d'un mur transparent.

- La dissociation auditive modifie la distance, le volume ou la vitesse des voix et des bruits. On peut ainsi prendre du recul par rapport à des reproches agressifs et avoir un jugement plus objectif.
- La dissociation kinesthésique emploie le langage corporel pour créer une distance : on peut par exemple croiser les bras ou redresser le buste.

3

Deuxième technique : Atteindre ses objectifs, utiliser ses ressources

Quand les objectifs sont correctement et positivement formulés, ils sont motivants et servent de moteur à l'action.

Travailler sur les objectifs en PNL

Nombreux sont ceux qui sont très doués pour décrire dans les détails les erreurs, les difficultés et les obstacles qu'ils rencontrent. Pour ce faire, leur attention se porte sur les situations problématiques vécues par le passé. Les questions qu'ils se posent ensuite ne contribuent pas à atteindre l'objectif.

Exemple de questions concernant les difficultés

Qu'est-ce qui fonctionne mal et n'aboutit pas ?
Depuis quand subsiste le problème ?
Quelles sont les causes du problème ?
Qu'est-ce qui fait que le problème subsiste ?
Qui est responsable du fait que les objectifs personnels ne sont pas atteints ?
Pourquoi rien n'a encore été entrepris ?

Sans qu'ils en soient conscients, leur attention se fixe sur les erreurs. En guise d'objectifs, ils font une liste de ce qu'ils veulent éviter et ils espèrent toujours pouvoir parvenir à leurs fins à la prochaine occasion. Or cela s'avère souvent impossible et s'ils y arrivent, c'est après avoir emprunté de nombreux chemins détournés.

Trouver des solutions

Ce que ces personnes ne remarquent pas – même au bout d'un certain temps –, c'est que ces échecs sont provoqués par leur propre comportement, soit parce qu'elles n'ont pas assez planifié leurs projets, soit parce qu'elles ont mal formulé leurs objectifs. Ce n'est pas en décrivant les difficultés que nous rencontrons ou bien ce que nous souhaitons éviter que nous parvenons à des résultats. Il est de loin préférable de formuler nos objectifs correctement et positivement (voir page 63 et suivantes). Ces derniers nous servent alors de motivation et sont un véritable moteur pour nous permettre d'agir avec pertinence.

Se concentrer sur ce qui est faisable

La PNL travaille sur les objectifs. Elle permet de trouver des solutions, de formuler des intentions claires et de prévoir les étapes nécessaires et réalisables. De cette manière, nous nous concentrons sur ce qui est faisable et nous ne dilapidons pas notre énergie en restant fixés sur les difficultés, en recherchant les causes et les responsables possibles ou en redoutant les éventuelles conséquences.

Rechercher ses objectifs

Si nous voulons atteindre nos objectifs avec succès, nous devons savoir très concrètement ce que nous voulons vraiment et avoir une idée des projets que nous souhaitons réaliser. Nous devons pouvoir répondre à des questions comme : « Qu'est-ce qui compte pour moi dans la vie, dans mon quotidien et dans mon travail ? » ou « Ai-je envie d'aller aussi bien dans ma vie personnelle que dans mon activité professionnelle ? » À cela vient s'ajouter une réflexion sur le pouvoir d'action et les facultés individuelles. Ainsi, il ne paraît pas très réaliste d'entreprendre une carrière de pianiste international quand on commence à jouer de cet instrument à 25 ans. On ne dispose plus alors des facultés nécessaires.

Un objectif est réaliste et concret

En PNL, les mots « utopie » et « souhait » se distinguent nettement du terme « objectif ».

- Une utopie correspond à un futur impossible ainsi que le dépeignent les scénarios de la littérature de science-fiction.
- Un souhait correspond à un futur potentiel, à un futur possible et que l'on souhaite.
- Un objectif, en revanche, correspond à quelque chose d'accessible qui est effectif dans un futur proche : il est concret.

Les objectifs sont des choses réalisables auxquelles nous pensons aujourd'hui, dans le présent. Ils peuvent être perçus par tous les sens. Les descriptions d'action concrètes servent à indiquer le chemin qui mène à l'objectif et à la solution. La PNL fait une véritable distinction entre l'objectif et les souhaits ou les bonnes intentions.

Neuf règles pour bien formuler les objectifs

Pour formuler des objectifs personnels et les atteindre avec succès, il est important de s'en tenir à une planification et à une manière de procéder consciente. La PNL propose une série de critères rigoureux et de conditions destinés à augmenter la probabilité de succès des objectifs.

Première règle : Énoncez l'objectif en termes positifs

La formulation des objectifs dans le sens de la PNL nécessite l'emploi de termes et d'expressions positives. Les négations telles que « ne pas » ou « sans » sont exclues. Dans le traitement neurologique, il n'existe pas de « non ». Le cerveau humain ne sait plus où il en est quand on lui demande de ne pas penser à quelque chose.

Exemple de traitement de formulation négative

Le cerveau reçoit l'ordre suivant : « Ne pense pas à une Porsche rouge. » Il peut réagir en pensant à une Porsche bleue ou bien à un vélo rouge ou encore à une Ferrari. Mais, dans la plupart des cas, le cerveau suggère l'image de l'objet auquel il ne faut pas penser, c'est-à-dire la Porsche rouge.

Les formulations négatives décrivent le chemin que l'on ne doit pas prendre. Elles ne donnent pas de direction ni de point d'arrivée. En outre, elles dirigent l'attention vers ce qui est désagréable et problématique.

Celui qui pense en « ne… pas » se représente le problème intérieurement. La formulation : « Je ne fumerai plus » attire l'attention sur le fait de fumer – ce qui est aussi le cas avec la Porsche rouge dans l'exemple précédent.

Quand vous vous formulez les choses de manière négative, demandez-vous : « Si je ne veux pas cela, qu'est-ce que je veux vraiment ? »

Nous remarquons, seulement dans un second temps, que certaines formulations sont négatives. C'est le cas avec des phrases comme : « Je veux arrêter de fumer », « Je veux empêcher de faire échouer le projet » ou « Je veux avoir moins peur des serpents. »

Exemples de formulations négatives et positives

Formulation négative : « Je ne fais plus autant de fautes quand j'écris un courrier à la filiale anglaise. »

Formulation positive : « J'apprends un minimum de trois mots anglais nouveaux par jour et je fais dix minutes de grammaire anglaise, j'améliore nettement mon niveau. »

Deuxième règle : Formulez votre objectif de manière claire et dans le présent

Formulez vos objectifs clairement, au présent, à la forme active et sans subjonctif. Des formulations comme « j'aurai atteint l'objectif » ou bien « je pourrais », « je voudrais », « je devrais », « j'essaye », « je me donne du mal », etc. sont trop évasives et nuisent à la clarté des objectifs.

Exemple de propos clairs et de propos confus

Formulation quelque peu confuse : « J'aimerais bien pouvoir parler couramment anglais avec mes collègues britanniques quand ils me téléphonent. »

Formulation claire : « Je suis un cours d'anglais commercial une fois par semaine dans une école de langue. »

Troisième règle : N'utilisez pas de comparaisons

Les comparaisons ont le même effet que les négations. Des phrases comme « Je veux être meilleur que l'année dernière » ne permettent pas au cerveau de savoir comment doit être le résultat. Que signifie « meilleur » ? Meilleur que quoi ? Comment puis-je arriver à ce « meilleur » et constater que j'y suis parvenu ? Il est difficile de concrétiser de manière ciblée des objectifs aussi vagues.

Exemples d'objectifs avec et sans comparaison

Objectif avec comparaison : « Je parle mieux anglais que je ne le parlais. Mes courriers comportent moins de fautes. »

Objectif sans comparaison : « Quand j'ai des conversations téléphoniques avec l'Angleterre, je peux donner des renseignements sans faire d'erreurs et passer les communications poliment. Je fais des courriers sans fautes. »

Quatrième règle : Les objectifs doivent être définis au travers des sens

Les objectifs motivants sont perceptibles et vérifiables au travers des sens. Quand vous en formulez un, demandez-vous à quoi vous constatez que vous l'aurez atteint ou non. Que voyez-vous, entendez-vous et sentez-vous très concrètement à ce moment-là ? Vivez vos objectifs avec tous vos sens.

Exemple d'objectifs définis ou non au travers des sens

Objectif non défini au travers des sens : « Mon anglais est bon. »

Objectif défini au travers des sens : « À la fin de mon cours d'anglais commercial, je suis satisfait. J'entends que mes collègues anglais parlent à la vitesse normale et utilisent des mots compliqués parce qu'ils savent que je les comprends bien. Quand je reçois un courrier en anglais, j'en comprends immédiatement le contenu et je peux y répondre rapidement. Je vois bien que mes courriers en anglais ne comportent pas de fautes. »

Cinquième règle : Établissez des critères vous permettant de mesurer et contrôler vos objectifs

La mise au point des objectifs nécessite l'emploi de critères clairs et mesurables, sans lesquels il est difficile d'évaluer si nous avons atteint nos buts et dans quel délai. Il est donc important de fixer une date précise dans la formulation de l'objectif.

Les mots comme « prochainement », « bientôt », « rapidement » ou « dans un proche avenir » sont inadaptés car ils sont trop vagues. Chacun en effet interprète ces mots à sa façon et l'on risque de voir repoussé sans cesse l'objectif à atteindre.

Le délai n'est toutefois pas la seule donnée qu'il faut mesurer. Il est également nécessaire de définir des critères qui déterminent par exemple le nombre d'exemplaires à vendre, le pourcentage de réussite, les standards de qualité, etc.

Exemples d'objectifs mesurables et non mesurables

Non mesurable : « Je parviens à améliorer mon anglais. »

Mesurable : « Le 30 septembre prochain, je termine les quatre modules de mon cours d'anglais commercial et je décroche mon diplôme haut la main ! »

Sixième règle : Mesurez les conséquences de vos objectifs

Tout individu est un élément de différents systèmes : de sa famille, de son entreprise et de son cercle amical. Un objectif n'a pas seulement des conséquences sur lui-même, mais également sur son environnement. Il importe donc d'évaluer les conséquences qu'un projet peut avoir sur l'entourage. Il s'avérera peut-être que pour atteindre un but, il vous faudra payer un certain prix et que vous n'êtes pas préparé à cela. En PNL, on vérifie que les objectifs sont écologiques, c'est-à-dire que leurs conséquences sont aussi bien gérables par l'individu que par son entourage.

> Même s'il est difficile au premier coup d'œil de prendre conscience des problèmes posés par un objectif motivant, il est important de se demander quelles sont les résistances intérieures ou extérieures, les obstacles et les doutes. En ayant recours à l'analyse écologique de la situation, vous parviendrez à harmoniser vos objectifs avec tous les aspects de votre vie.

Les critères écologiques suivants vous permettront d'évaluer la formulation de l'objectif et le succès des objectifs individuels :

- Situation et contexte : dans quelle situation et dans quel environnement l'objectif est-il adapté ?
- Conséquences : quelles conséquences résultent de la conquête de l'objectif ? Qui d'autre est concerné ?
- Objections et doutes : qu'est-ce qui s'oppose à l'objectif ? Qui pourrait émettre des objections ? À quelles résistances intérieures suis-je confronté ?
- Coûts : À quoi faudrait-il éventuellement renoncer ?

Quels en sont les inconvénients ?

Exemple d'analyse écologique

« Un cours d'anglais commercial coûte environ 1 500 euros. Si je me l'offre, je ne pourrai pas partir en vacances. Le cours a lieu deux soirs par semaine et une fois par mois le week-end. Pendant un an et demi, je ne pourrai pas aller plus d'une fois par semaine à mon entraînement de volley. En outre, j'aurai peu de temps le week-end pour aller voir mon ami qui habite Marseille. »

Septième règle : Rédigez de brefs questionnaires d'évaluation

Il n'est pas si simple de ne pas perdre de vue les objectifs que l'on doit atteindre dans un avenir lointain. D'où l'importance de rédiger de petits questionnaires permettant de faire le point sur la progression du travail et ainsi de se remotiver. Quand vous formulez des objectifs à long terme, pensez à les réaliser par étapes. Vous en tirerez les avantages suivants :

- Une vision plus claire des différentes étapes et des délais correspondants.
- Ces étapes vous permettront de savoir si l'objectif est réalisable.
- Les indications que vous obtiendrez vous permettront de savoir si vous êtes en bonne voie.
- Vous pourrez vous féliciter à chaque étape réussie. Cela vous motivera et vous renforcera dans votre volonté de conquérir l'objectif final.

Exemple d'objectif par étapes

« Le 30 septembre prochain, je termine le premier module de ma formation en anglais commercial. Le 31 mars, je boucle le deuxième module et le 30 juin, le troisième module. »

Huitième règle : Fixez vos objectifs personnels de sorte que leur conquête soit sous votre contrôle

Les objectifs impliquent souvent le changement de comportement d'autres personnes : « Je voudrais que mes collègues reconnaissent mes compétences. »
Toutefois, il est n'est pas possible d'intervenir activement sur le jugement des autres. Il est préférable de se formuler les choses de la manière suivante : « Comment dois-je me comporter pour que mes collègues reconnaissent mes compétences ? »
Il est clair dans ce cas que la réalisation de l'objectif dépend exclusivement des facultés et de l'action personnelles.

Exemples d'objectifs contrôlables et non contrôlables

Non contrôlable : « J'aimerais que mes collègues anglais reconnaissent que je parle bien leur langue. »

Contrôlable : « Je parle couramment anglais au téléphone et en réunion avec mes collègues britanniques. Je peux même avoir des petites conversations personnelles avec eux. »

Neuvième règle : Formulez des objectifs qui sont intéressants pour vous

Des propos tels que : « Mon patron attend de moi que je… » ou « Ma sœur aimerait que je… » ne sont ni intéressants ni stimulants.

L'objectif doit être avant tout profitable à la personne qui le formule afin que cette dernière puisse investir l'énergie nécessaire.

Exemple

Peu intéressant : « Mon patron attend de moi que j'améliore mon anglais. »

Intéressant : « Je maîtrise la plupart du temps ma correspondance en langue anglaise. »

Liste de questions pour contrôler la formulation de vos objectifs

Critères	oui	non
Est-il exprimé au présent et à la forme active ?		
N'implique-t-il aucune comparaison ?		
Savez-vous à quoi vous remarquerez que vous avez atteint votre objectif, ce que vous verrez, entendrez, sentirez ?		
Des critères mesurables sont-ils définis ?		
Avez-vous prévu un délai précis ?		
Savez-vous qui d'autre votre objectif concerne-t-il ?		
Les éventuels doutes et objections d'une tierce personne ont-ils été dissipés ?		
Savez-vous qui pourrait s'opposer à la réalisation de votre objectif ?		
Avez-vous pensé à ceux qui pourraient vous soutenir ?		
Votre objectif est-il en contradiction avec d'autres buts personnels ?		
Avez-vous tenu compte des changements occasionnés sur votre environnement ?		

Êtes-vous clair par rapport aux conséquences qui vous concernent personnellement ?		
Avez-vous réfléchi aux inconvénients ? Aux coûts matériels ou non ?		
Cet objectif est-il si important pour vous que vous avez peut-être dû renoncer à autre chose ? Savez-vous ce que vous devez sacrifier le cas échéant ?		
Savez-vous ce que la conquête de cet objectif vous rapporte ? Ce que vous y gagnez ?		
Critères	**oui**	**non**
Connaissez-vous les conditions à remplir ?		
Votre objectif a-t-il une ampleur suffisante ? En avez-vous une vision globale ? Est-il intéressant ?		
Votre objectif est-il divisible en plusieurs petits objectifs ?		
Les délais sont-ils clairement définis et réalistes ?		
Avez-vous fixé des étapes ?		
Le résultat est-il dépendant de vous ? Êtes-vous responsable de la conquête de votre objectif ?		
La conquête de cet objectif enrichit-elle votre existence ?		

Les questions auxquelles vous avez répondu par « non » indiquent qu'il est nécessaire d'agir : plongez-vous bien dans la formulation de l'objectif.

Atteindre des objectifs personnels

La première étape consiste à formuler les objectifs et à vérifier s'ils sont écologiques. Il faut ensuite se lancer dans la réalisation, qui, elle, est déterminante. En effet, que peut apporter une brillante formulation d'objectif si elle n'est pas suivie de concrétisation ?

Mettre au point un plan d'action

Celui qui définit le premier pas menant au résultat concret

réalise ses objectifs. Pour cela, on emploie en PNL la technique du « *future pace* ».

Simuler les premiers pas

Le *future pace* consiste à se représenter la manière de faire les premiers pas en vue de l'objectif. Quelle est la situation ? Comment se comporte-t-on ? Quel est le premier pas et quels sont les suivants ? Dans quels délais ? On crée ainsi un pont entre la définition de l'objectif dans le présent et la situation future. On associe les changements souhaités et prévus à des actions concrètes et réalistes.

Rédiger un plan d'action

La rédaction d'un plan d'action s'avère efficace et permet de voir où l'on va.

- Le plan d'action contient les données de référence et les mesures nécessaires à la phase de réalisation consciente. Il incite à respecter l'ordre chronologique logique.
- Il indique comment, avec quels moyens, à quelles conditions et dans quels délais les premiers pas doivent être faits et par qui.
- Il sert à programmer l'inconscient en fonction de la réalisation des objectifs. Il doit donc être lu régulièrement et employé pour visualiser l'objectif.

Reconnaître la responsabilité et récompenser les succès

Les objectifs sont souvent associés à des questions concernant d'autres personnes : des collègues de travail, un conjoint ou des membres de la famille. D'où l'importance de veiller à sa propre responsabilité.

Pendant la phase de réalisation, on se pose des questions, comme :

- « Que dois-je faire pour que mon collègue agisse de telle manière, pour que cela se produise précisément ? »,
- « Que faire qui pourait m'être utile dans la phase de réalisation de mon objectif et me soutienne dans le processus ? »

Il ne faut pas oublier de se récompenser quand on franchit des étapes importantes. Nombreux sont ceux qui ont du mal à se féliciter quand ils obtiennent des résultats. Pourtant, cela facilite la vie et permet de tenir le rythme sur le long terme. Accordez-vous une récompense lorsque vous avez franchi une étape. Veillez toutefois à ce que la récompense soit proportionnelle au résultat : offrez-vous un cinéma quand vous avez remporté un petit succès et une sortie au restaurant quand le succès est plus important.

Liste de questions concernant la réalisation des étapes de cheminement vers un objectif

Questions
Quelles sont les étapes nécessaires ?
Dans quel ordre chronologique et logique devez-vous progresser ?
Quels délais nécessitent les différentes progressions ?
Quelles sont les personnes concernées ?
Qu'est-ce qui est nécessaire à la réalisation de l'objectif ?
Comment pouvez-vous être sûr de vous souvenir de votre stratégie de réalisation ?
Quel est le premier pas en vue de la conquête de l'objectif ?
Quand précisément a lieu le premier pas ?
Où précisément et dans quelle situation a lieu le premier pas ?

Que direz-vous, entendrez-vous, sentirez-vous et ferez-vous lors du premier pas et comment ?
À quoi votre entourage reconnaîtra que vous avez commencé à conquérir votre objectif ?
Quelle récompense vous accorderez-vous quand vous aurez atteint votre but ?

Exploiter ses ressources avec l'ancrage

D'après le onzième présupposé, chacun de nous a en lui les ressources dont il a besoin pour atteindre ses objectifs. Dans la vie quotidienne, il s'agit d'avoir accès à ces ressources pour pouvoir mener à bien des missions. En PNL, on a recours à ce qu'on appelle les ancres.

L'influence que les ancres ont sur notre univers

Les sentiments ont une influence claire sur l'individu et se répercutent sur sa pensée ainsi que sur son comportement. Les états émotionnels sont souvent reconnaissables à des signes extérieurs. La joie, par exemple, est lisible sur le visage, s'exprime au travers du comportement et de la voix. Les expériences sont à la base des émotions. Ce sont des stimuli extérieurs spécifiques qui sont perçus par les sens, puis traités par le cerveau, qui les enregistre. Elles sont donc associées à une impulsion neurologique. Si ces stimuli spécifiques surviennent de nouveau – même par le simple fait du souvenir –, ils donnent lieu aux mêmes processus neurologiques. On appelle ancrage l'association entre un état intérieur et une information sensorielle.

L'action des ancres au quotidien

Les ancres sereines et positives renforcent l'individu. En revanche, les souvenirs et les émotions désagréables ont des effets néfastes, non désirés et sont souvent handicapants. Certaines personnes se mettent ainsi à transpirer abondamment rien qu'en pensant à une situation d'examen, tandis que d'autres sont paniquées dans un ascenseur parce qu'elles y ont fait auparavant des expériences traumatisantes. Les ancres sont omniprésentes dans notre quotidien.

Exemple

Gérard trouve dans le grenier un carton plein de souvenirs de jeunesse. Tandis qu'il regarde l'affiche des Rolling Stones et qu'il sort toutes les reliques de son adolescence, les souvenirs reviennent en force. C'est comme s'il y était. Il revoit intérieurement les fêtes du samedi soir et ses premiers flirts. Il paraît absent. En dépit du fait que les années ont passé, il a l'impression d'avoir de nouveau 17 ans. Toutefois, il se souvient aussi des réprimandes de ses parents, et la colère ainsi que le sentiment d'impuissance remontent en lui.

Les exemples de ce type sont nombreux : la chanson à la radio qui nous rappelle nos dernières vacances dans les îles, l'odeur du parfum qui nous fait penser à celui de notre tante préférée, les gestes du patron qui font remonter les mauvais souvenirs de l'enseignant sévère. Le feu rouge, en tant qu'ancre visuelle, oblige les automobilistes à s'arrêter. La publicité utilise les ancres en associant les logos, les couleurs, les mélodies et les slogans pour inciter les consommateurs à acheter.

Les ancres servent à s'orienter et contrôlent notre vie, elles déterminent les habitudes et la routine. Si les ancres positives favorisent le succès, les ancres négatives, quant à elles, occasionnent des blocages et des entraves. Elles agissent généralement inconsciemment, c'est-à-dire qu'elles ne sont pas soumises à la volonté. Elles surgissent de manière surprenante, comme un cadeau ou une agression, des profondeurs de notre inconscient. En revanche, la PNL utilise les contextes en transférant dans la situation présente, par l'intermédiaire des ancres, l'énergie qui passe à travers les souvenirs et les expériences positives.

> L'une des principales techniques de la PNL consiste à employer consciemment les ancres positives et à les activer.

Les différentes ancres

Les ancres surgissent par tous les canaux de représentation :

- Les ancres visuelles peuvent être des symboles, des images, des couleurs et des formes.
- Les ancres auditives sont composées de bruits, de sons, de mélodies, de mots, de phrases, de citations, de tonalité de voix, etc.
- Les ancres kinesthésiques sont des mouvements, des gestes, des attitudes physiques, des effleurements, des sensations, etc.
- Les ancres gustatives se trouvent dans le goût de certains aliments ou dans leurs textures.
- Les ancres olfactives sont des odeurs et des parfums.

Exploiter son potentiel grâce à la technique des ancres

La technique des ancres exploite les habitudes de fonctionnement du cerveau humain et emploie les processus neurologiques qui ont lieu généralement de manière inconsciente pour utiliser les ressources. La vie de chacun est riche en ancres positives auxquelles on peut sans cesse se référer. La personne qui a recours à la technique des ancres associe consciemment des expériences positives (un moment de créativité, de confiance en soi, d'humour ou de détente, etc.) à un stimulus physique qu'elle peut toujours percevoir, par exemple une pression exercée sur la face interne de l'auriculaire. Si elle a besoin un peu plus tard d'avoir accès à l'une de ses ressources, si elle doit par exemple être particulièrement créative, elle fait pression sur l'endroit du corps où se situe l'ancre. Elle a ainsi accès à sa créativité. Les ancres positives relient les expériences valorisantes du passé à une situation présente.

Employer la technique des ancres

En ayant recours à la technique des ancres, on peut créer des états émotionnels qui nous permettent d'atteindre nos objectifs. Grâce à cette technique, les situations gagnent en énergie positive, car elles mobilisent et développent toutes les expériences personnelles de l'individu. Les ancres agissent sur le moment même où on les établit et elles peuvent être employées de nouveau avec le même effet. En outre, la technique des ancres utilise tous les canaux sensoriels. Plus les sens sont associés quand l'ancre est employée, plus cette dernière a une action efficace.

Ancrer les ressources en dix étapes

L'emploi d'une ancre s'effectue en dix étapes successives. L'objectif est d'activer une ancre en effleurant une partie du corps précédemment choisie pour disposer de ressources et d'énergies positives.

Préparer l'ancrage

Première étape : Installez-vous confortablement, retirez-vous dans un lieu où vous ne serez pas dérangé.

Deuxième étape : Pensez à une situation concrète et actuelle dans laquelle vous souhaitez pouvoir vous comporter autrement. Nommez toutes les qualités qui vous manquent actuellement : le courage, l'humour, la créativité, etc.

Troisième étape : Trouvez maintenant dans votre passé trois situations dans lesquelles vous avez bénéficié de la ressource qui vous manque aujourd'hui, et où vous avez fait preuve de courage, d'humour, de créativité, etc.

Quatrième étape : Pensez le plus clairement et le plus intensément à la situation dans laquelle vous avez disposé de cette ressource.

Cinquième étape : Réfléchissez maintenant à l'endroit du corps où vous voulez établir l'ancre kinesthésique, où doit être ancré le souvenir positif. Cette zone doit être accessible facilement et discrètement.

Vous pouvez par exemple :

- vous tenir le poignet ;
- presser les doigts l'un contre l'autre ;
- effectuer une pression sur une articulation ;
- effleurer une zone du bras ;
- exercer une pression avec la paume de la main sur la cuisse.

> Voyez si la zone du corps que vous avez choisie n'est pas déjà « occupée » en exerçant une pression dessus. Si des souvenirs y sont ancrés, ils referont surface. Si ce n'est pas le cas, vous pouvez utiliser cette zone. Il importe dès maintenant et lors des étapes suivantes de faire en sorte que la pression exercée soit toujours de même intensité.

Sixième étape : Souvenez-vous de la situation dans laquelle vous disposiez de la ressource souhaitée. Faites émerger précisément toutes les expériences sensorielles dans le présent et plongez-vous bien dans vos souvenirs. Demandez-vous ce que vous avez vu dans cette situation. Laissez les images remonter. Si cela vous paraît difficile au début, regardez en haut, et les images arriveront toutes seules. Soyez attentif aux bruits de fond que vous avez entendus dans cette même situation. Pensez aux odeurs et, le cas échéant, aux saveurs. Imprégnez-vous bien de toutes les impressions sensorielles. Soyez réceptif aux sentiments qui accompagnaient cette situation.

> Accordez-vous le temps nécessaire pour vous immerger pleinement dans cette expérience passée. Le fait de la revivre vous permet d'associer en toute conscience les expériences sensorielles à la ressource que vous voulez ancrer.

Septième étape : Peu après avoir ressenti pleinement toutes ces sensations, modifiez votre attitude et votre position dans l'espace. Interrompez consciemment le processus. En PNL, cela s'appelle passer à l'état de rupture.

Ces sept premières étapes servent de préparation à l'ancrage.

Établir l'ancre

Huitième étape : Répétez la sixième étape et imprégnez-vous de nouveau de tous les sentiments, images, bruits et odeurs que vous avez perçus dans cette situation. Laissez-les bien remonter. Juste avant d'atteindre le sommet de l'intensité, exercez une pression sur la zone du corps que vous avez choisie : établissez l'ancre.

Neuvième étape : Arrêtez maintenant de penser à cette expérience et passez à l'état de rupture. Pensez à quelque chose d'autre.

Dixième étape : Testez l'efficacité de votre ancre en l'activant. Exercez la même pression sur la zone du corps choisie, ainsi que vous l'avez fait dans la huitième étape. Toute la gamme des souvenirs refait alors surface.
L'action des ancres varie en fonction des individus. Certains associent trois canaux sensoriels : ils voient des images ou des couleurs et murmurent intérieurement des propos. En outre, un geste peut mettre l'ancre en relief. D'autres exploitent un canal sensoriel, par exemple en faisant un mouvement : ainsi un sportif peut serrer le poing pour se motiver lors d'un match ou une compétition.

Comment renforcer l'action de l'ancre

Il est possible que l'ancre ait besoin de temps et de pratique avant d'exprimer pleinement sa force positive. Il existe quatre manières de la rendre plus efficace :

1. **L'intensité** : Plus les sentiments et les sensations sont intenses pendant le processus d'ancrage, plus l'ancre est active.
2. **Le moment idéal** : L'ancre est au maximum de son efficacité quand elle est employée (lors de la huitième étape) juste avant que les sentiments n'atteignent le sommet de l'intensité.
3. **La précision** : Plus le stimulus est prononcé et singulier (par exemple la pression exercée sur l'articulation de l'auriculaire gauche), plus l'action positive de l'ancre est renforcée.
4. **La répétition** : Plus une ancre est employée et plus on

la met en pratique, plus son utilité devient évidente. Il importe de l'établir toujours de la même manière, en exerçant la même pression sur la même zone du corps.

4

Troisième technique : Employer le langage comme un instrument efficace

Chacun de nous utilise le langage à sa manière. Celui-ci est un moyen de communication efficace mais aussi une source fréquente d'incompréhensions.

Pourquoi la compréhension fonctionne grâce au langage

Le langage a plusieurs fonctions. Il permet aux êtres humains d'entrer en contact les uns avec les autres, d'exprimer leurs réactions émotionnelles et de passer à l'action. Il transfère les expériences que l'on fait dans le monde extérieur, au travers des organes sensoriels, dans le monde intérieur du traitement neurologique.

De même, les pensées intérieures et les cartes mentales peuvent, d'après la PNL, être transmises à l'interlocuteur par le biais du langage (voir page 89 et suivantes).

Chacun comprend les choses à sa façon

Le langage dans sa globalité de même que les mots employés reflètent les expériences tout à fait personnelles et les perceptions de celui qui s'exprime.

Le langage est ambigu

Il en résulte que le même mot ou le même propos génère des associations, des sentiments et des représentations différentes pour chacun.

> **Exemple d'interprétations différentes d'un mot**
>
> En fonction du contexte et de notre propre carte mentale, nous pouvons interpréter de plusieurs façons le mot « corbeille » : il peut s'agir d'un panier en osier pour faire les commissions, d'une corbeille à linge en plastique, de la corbeille à papier, de la corbeille de mariage ou du balcon au-dessus de l'orchestre dans un théâtre, etc.

Dans une discussion entre plusieurs individus, personne ne peut prétendre qu'un mot correspond chez chacun à la même expérience et représentation mentale. Pour celui qui parle ou celui qui écoute, les propos dits et entendus ont une signification tout à fait personnelle.

Les suggestions individuelles laissent libre cours à de nombreuses interprétations

Les poètes, les publicitaires et les personnes qui font des discours utilisent beaucoup les suggestions et laissent une grande place à l'interprétation :

- Si plusieurs personnes lisent le même livre, elles en auront chacune une représentation qui leur est propre. D'où le fait que de nombreux lecteurs sont déçus lorsqu'on adapte un roman au cinéma : les images que nous voyons sont souvent très éloignées de nos représentations intérieures.

- Dans une brochure de voyage, on peut lire : « Vous passerez des vacances agréables dans une ambiance détendue avec un entourage sympathique. » Or, chacun comprend les choses à sa façon. « Des vacances agréables » et « un entourage sympathique » peuvent être interprétés de mille façons. Toutefois, tous les consommateurs se sentent interpellés de manière positive.

- Les politiciens parlent de « grandes réalisations » et de « succès considérables » sans en dire davantage et s'arrangent pour qu'on ne puisse pas comprendre ces propos de manière trop précise : quand parle-t-on de grandes réalisations ? Quand un succès est-il considérable ?

Au quotidien, nous nous comprenons tacitement

En général, dans la vie quotidienne, nous parvenons à communiquer relativement facilement les uns avec les autres. Cela est dû au fait que nous nous comprenons tacitement.

Dans de nombreux cas, le langage fait référence à des expériences et à des associations identiques. Il établit alors des relations, un dialogue et une communication solides entre les personnes.

Exemple de compréhension tacite

Dans un hôtel, une femme de ménage demande à sa collègue : « Où est la corbeille ? » Il paraît évident que son interlocutrice ne pense pas à la corbeille de mariage mais bien à la corbeille à linge qui se trouve à côté d'elle. Deux architectes parlant de corbeille en évoquant un théâtre sauront tous les deux qu'il s'agit du balcon situé au-dessus de l'orchestre.

Toutefois, même si on se comprend visiblement tacitement, on peut se rendre compte dans un second temps qu'il y a une différence entre ce qui a été suggéré et ce qui a été compris. Le langage – et parfois même un seul mot – est susceptible d'occasionner des incompréhensions et de rendre la communication plus difficile. Les mots peuvent aussi être des armes et avoir un effet destructeur : nous l'avons tous vécu au moins une fois.

Parler du langage avec le langage

Le langage ne peut pas exprimer toutes les informations dont dispose l'être humain : ce dernier généralise souvent, fait des impasses ou déforme. C'est la seule manière de maîtriser le flot d'informations qui le submerge et que son cerveau traite. Ce processus indispensable occasionne fréquemment des troubles de la communication.

Qu'est-ce qu'un métamodèle ?

Pour découvrir la signification du langage employé par leur interlocuteur, les spécialistes de la communication emploient une méthode que l'on appelle, en PNL, métamodèle. Celui-ci s'appuie sur le présupposé selon lequel chaque individu possède une propre carte mentale qui se reflète dans le langage qu'il utilise.

Au-delà du langage parlé

La construction du langage peut dissimuler de nombreuses informations : des expériences et des associations individuelles, des perceptions sensorielles différentes et les traitements neurologiques qui y sont liés, des émotions individuelles ainsi que des différences apprises du point de vue culturel. On peut alors se demander comment décrypter les expériences derrière les mots.

Le métamodèle, qui décrit un niveau supérieur, au-delà du langage parlé, permet de le faire. En ayant recours au langage, les interlocuteurs discutent du langage, des structures linguistiques et de la manière dont se déroule la communication verbale.

> Les discussions portant sur le langage sont fréquentes et quotidiennes. Quand deux personnes expliquent de quoi elles parlent, par exemple si elles font allusion à la corbeille en osier pour faire les commissions ou à la corbeille à linge en plastique, elles ont un échange qui porte sur le langage.

Quel est l'objectif du métamodèle ?

Le métamodèle présente des avantages et des utilités :

- Le métamodèle donne des informations précises sur la signification d'un propos. Les participants s'enquièrent des informations nécessaires et éclaircissent les propos ambigus ou peu clairs.

- La personne demande à son interlocuteur si elle a convenablement interprété ses propos. Tous deux vérifient les résultats de la « lecture de leur pensée ».

- Le métamodèle parvient à apporter des éclaircissements et à décrypter le point de vue d'autres personnes. Par des questions ciblées, nous pouvons comprendre les associations individuelles de notre interlocuteur et les reporter dans notre propre carte mentale, ce qui développe la compréhension mutuelle.
- Les limites individuelles (par exemple, les suppositions

qui ne sont pas claires pour l'interlocuteur) sont mises au jour et identifiées.

- Celui qui connaît les informations qui n'ont pas été transmises par le langage, qui ont été laissées de côté, déformées ou généralisées, peut apporter plus de clarté dans la communication et des rebondissements dans la discussion.

- Si le langage gagne en significations et si de nouvelles informations viennent s'ajouter, la communication s'enrichit. Les participants ont alors accès a plus de ressources.

Ce qui n'est pas dit

Le métamodèle suppose l'existence de deux niveaux linguistiques : la structure de surface et la structure profonde du langage.

La structure de surface correspond à l'expression concrète

Les successions de mots et les phrases exprimées concrètement constituent la structure de surface. Celle-ci se manifeste dans la manière de parler, dans le choix des mots, dans la forme de la phrase et dans sa construction.

Jdentifier la signification

La structure profonde donne à la structure de surface sa signification. Elle donne aux mots leurs contenus et leurs informations. Un mot peut être associé à plusieurs structures profondes : le langage devient alors ambigu, ainsi que nous l'avons vu avec l'exemple du mot « corbeille ».

Par ailleurs, une structure profonde peut être transformée en différentes structures de surface qui ont toutes la même signification. Par exemple, quand un amoureux transi est éconduit par sa belle, on peut dire « qu'elle l'a envoyé promener » ou bien « qu'elle s'est débarrassée de lui. »

Comment passer de la structure profonde à la structure de surface

Pour passer de la structure profonde de l'information à la structure de surface du langage concret, trois processus se mettent en place : l'omission, la distorsion et la généralisation.

1. **Pendant l'omission**, nous sélectionnons les infor-mations. Toutefois, nous en laissons de côté un certain nombre.
2. **Pendant la distorsion**, nous simplifions l'infor-mation. Nous en modifions donc la signification.
3. **Pendant la généralisation**, nous laissons de côté les exceptions et les conditions particulières de l'environnement. Nous généralisons la situation.

Le métamodèle met en lumière ces trois processus. En posant des questions précises, il permet de prendre connaissance des informations simplifiées, déformées et choisies.

Comment se poser les bonnes questions

Les généralisations, les distorsions et les omissions servent à faciliter la communication. Sans ces processus, les discussions dureraient des heures et se perdraient dans les détails. Toutefois, fort de ces facultés inconscientes, nous raccourcissons les messages que nous voulons faire passer et nous générons parfois des incompréhensions. Les questions qui sont posées dans le cadre du métamodèle aident à corriger les erreurs et à éviter les contradictions. Elles permettent de détailler les informations et de faire le point sur celles qui sont manquantes.

Les omissions : mettez en lumière les informations

Dans le cas de l'omission, le cerveau fait un choix parmi les informations dont il dispose. Quelles sont celles qui sont pertinentes par rapport au contexte ? Quelles sont celles qui peuvent être mises de côté sans que le sens – d'un point de vue individuel – ne se perde ? Le résultat de ce choix se reflète dans le langage. Une personne comprend que son interlocuteur a fait une omission quand une information lui manque. Mais cela n'est pas toujours visible. De nombreuses locutions quotidiennes sont incomplètes sans que personne n'en soit gêné. C'est le cas par exemple de « on s'en moque » : qui est en effet ce mystérieux « on » ? Le but des questions posées pour contrer l'omission est évidemment de retrouver l'information perdue.

L'omission simple

Les principaux composants de la phrase sont laissés de côté : « Je suis énervé. » Le locuteur fait disparaître l'information qui donnerait peut-être la clef permettant de dissiper l'énervement, sa cause en l'occurrence. Posez donc des questions en fonction de ce que votre interlocuteur a oublié de mentionner. La gamme des questions est vaste : comment, qui, quand, etc.

Exemples de questions pour contrer l'omission simple

« Je suis énervé. »	« Qu'est-ce qui t'énerve ? »
« L'employé était étonné. »	« Qu'est-ce qui l'a étonné ? »
	« Qui l'a étonné ? »
	« Quand a-t-il été étonné ? »
« L'enfant était content. »	« À quel propos était-il content ? »
	« Comment s'est manifestée sa joie ? »

L'omission comparative

Le propos fait abstraction de l'objet de comparaison : « J'aimerais avoir moins de travail. » Cette phrase suggère plusieurs interprétations : moins de travail que l'année dernière, que le mois dernier ou que le collègue ? Essayez de trouver l'objet de comparaison. Demandez par rapport à quoi est faite la comparaison. Les deux interlocuteurs peuvent effectivement avoir des surprises, par exemple : « La discussion [d'aujourd'hui] était plus productive que celle d'hier » ou alors « La discussion [en tête à tête] était plus productive que l'entretien téléphonique. »

Exemples de questions pour contrer l'omission comparative

« La discussion était plus productive. »	« Plus productive que quoi ? » « Comparée à quoi ? »
« Les résultats étaient moins bons. »	« D'après quels critères ? » « Moins bons que quoi ? »
« J'aimerais avoir moins de travail. »	« Que signifie "moins" ? » « Moins comparé à quoi ? »

Les verbes non spécifiques

Le verbe employé n'est pas expliqué : « Mon patron a refusé ma proposition. » Comme dans l'omission simple, le locuteur n'explique pas le fait. Pourtant, c'est dans l'argumentation que se trouve la solution du problème.

Tirez au clair les circonstances qui accompagnent ces verbes non spécifiques. Demandez à votre interlocuteur des explications.

Exemples de questions pour contrer les verbes non spécifiques

« Mon patron a refusé ma proposition. »	« Comment a-t-il refusé ? » « Pourquoi l'a-t-il refusée ? »
« Cela m'a réjoui. »	« Décris ta joie. » « Quand as-tu remarqué que tu t'es réjoui ? »
« La discussion m'a énervé. »	« De quelle manière t'a-t-elle énervé ? »

La nominalisation

Le locuteur emploie des substantifs pour faire allusion à des actions, des processus et des événements qui sont des processus dynamiques : « Mon frère a besoin de reconnaissance. » Les substantifs décrivent toujours quelque chose de statique et de fermé. Ce type de langage rend difficile les changements et les évolutions. Si vous voulez contrer cette forme d'omission très répandue, transformez le substantif en verbe et intégrez-le dans une phrase. Cela vous permettra de savoir qui est responsable de quoi et comment agir. Le processus retrouvera ainsi sa mobilité.

Exemples de questions pour contrer la nominalisation

« Il a un vrai besoin de reconnaissance. »	« Qu'est-ce qui doit être reconnu ? » « Comment souhaite-t-il être reconnu ? » « Par qui veut-il être reconnu ? »
« Les changements sont difficiles. »	« Qu'est-ce qui change ? »

« Elle a besoin d'aide. » « Comment peut-on bien l'aider ? »

L'absence de cadre de référence

On ne sait pas exactement à quoi le propos se rapporte : « On ne me dit rien. » Dans ce cas, des informations essentielles sont manquantes : on ne sait pas « qui » ne dit rien et à propos de quoi rien n'est dit. Demandez là encore plus de détails : Qui fait quoi ? Pourquoi est-ce ainsi ?

Exemples de questions pour en savoir plus sur le cadre de référence

« On ne me dit rien. »	« Qui ne dit rien ? »
« Ça ne va pas. »	« Qu'est-ce qui ne va pas ? »
« Ça ne fonctionnera pas. »	« Pourquoi ne fonctionnera-t-il pas ? »

Les distorsions : reconstituez l'image

Le fait que nous déformons et falsifions les faits relève d'un processus tout à fait quotidien. Cela est lié aux systèmes de représentation individuels qui font en sorte que chacun exprime une vision de la réalité qui lui est propre. Il nous arrive souvent de dire, lorsque nous nous trouvons confrontés à des points de vue différents : « Tu as une perception bien déformée des choses », ce qui nous permet d'exprimer le fait que notre interlocuteur a une vision du monde radicalement différente de la nôtre.

Or, dans le processus de communication, il s'agit d'harmoniser les deux représentations. On constate souvent des distorsions quand les locuteurs ne réfléchissent pas aux propos qu'ils avancent. Il en résulte des soi-disant vérités qui ne sont pas remises en cause et qui rendent la discussion difficile.

Si la perception de votre interlocuteur s'éloigne de la vôtre, sachez qu'aucune des deux n'est plus ou moins juste que l'autre. L'intérêt réside dans la découverte de la différence.

La lecture de pensée

Le locuteur pense connaître les pensées et les sentiments d'autres personnes. C'est sans doute l'une des erreurs les plus fréquentes qui se produit dans la communication. « Je sais parfaitement que tu ne m'aimes pas ! » est un argument qui étouffe dans l'œuf toute discussion. Dans le cadre de la lecture de pensée, il est important de remettre en question les hypothèses du locuteur et de prier ce dernier d'être plus concret.

Exemples de questions pour contrer la lecture de pensée

« Tu ne peux pas me supporter. »	« Qu'est-ce qui te fait croire que je ne peux pas te supporter ? » « D'où tiens-tu cela ? »
« Tout le monde me croit naïf. »	« Comment se fait-il que tu penses que tout le monde te croit naïf ? » « Qu'est-ce qui te permet de déduire une telle chose ? »
« Elle devrait savoir que je souffre. »	« Comment devrait-elle le savoir ? »

Les affirmations d'origine inconnue

Dans la discussion surviennent ce qu'on appelle des « vérités éternelles ». Ce sont des propos dont on ne sait ni d'où ils viennent ni dans quel contexte ils ont été employés. Ils sont souvent inapplicables et par là même nuisibles à la communication. En posant des questions, on parvient à savoir par qui, quand et dans quel contexte ces soi-disant vérités ont été proférées. On peut alors savoir si le contexte est comparable à la situation présente.

Exemples de questions pour contrer les affirmations d'origine inconnue

« La modestie est une qualité. »	« Qui dit cela ? » « Quand est-ce applicable et quand cela ne l'est-il pas ? »
« Les enfants doivent obéir. »	« Quand cela est-il vrai ? » « Quand est-il important que les enfants s'imposent ? »
« Ce n'est pas bon d'être paresseux. »	« Qui a dit cela ? » « Dans quelle situation la paresse est-elle indiquée ? »

Les liens de cause à effet

Un état individuel est attribué à d'autres. Le propos « M. Martin me rend fou » fait de M. Martin la cause et laisse peu de place à des solutions possibles. Mais celui qui peut dire ce qui dans le comportement de M. Martin le rend fou peut assainir la situation. Il s'agit de rétablir la causalité et de découvrir le fait qui est effectivement responsable.

Exemples de questions pour déterminer les liens de cause à effet

« Elle me rend fou. »	« Comment fait-elle pour te mettre dans cet état ? » « Quelle attitude chez elle te rend-elle fou ? »

« Le stress me tue. »	« Qu'est-ce qui déclenche ce stress chez toi ? » « Dans quelles circonstances ressens-tu ce si grand stress ? »
« Tes questions me blessent. »	« Qu'est-ce qui te blesse dans mes questions ? Le ton ? Le contenu ? Le nombre de questions ? »

Les équivalences complexes

Dans ce cas, le locuteur établit un lien artificiel entre deux formulations. Il met sur le même plan deux propos qui n'ont *a priori* rien à voir l'un avec l'autre. « Le silence est le plus parfait des mépris » est une équivalence complexe.
De telles assertions mettent l'interlocuteur sous pression. Posez des questions de manière à savoir si ce lien artificiel est réel ou bien s'il a été inventé de toutes pièces. Vous pouvez peut-être donner un contre-exemple.

Exemples de questions pour contrer les équivalences complexes

« Le silence est le plus parfait des mépris. »	« Existe-t-il des situations dans lesquelles ce n'est pas le cas ? » « Quand le silence exprime-t-il le fait que l'on est d'accord ? »
« Il ne me comprend pas parce qu'il ne me voit pas. »	« Quelqu'un t'a-t-il déjà compris sans te voir ? Par exemple lors d'une conversation téléphonique ? »
« Une bonne préparation constitue la moitié du chemin parcouru. »	« Cela s'applique-t-il dans toutes les situations ? » « Existe-t-il des exemplesqui infirment ce propos ? »

Les généralisations : contrez-les

De même que les omissions et les distorsions, les généralisations nous servent à nous repérer dans notre environnement. Sans l'aptitude à généraliser les expériences qui ont déjà été faites, nous ne pourrions rien apprendre.
Si le fait que « les pommes sont consommables » n'avait pas été généralisé, chacun de nous devrait à chaque fois vérifier que la pomme n'est pas un fruit empoisonné. Toutefois, les généralisations n'ont pas toutes des fondements aussi solides. Il est fréquent qu'un propos soit appliqué de manière totalement inadaptée à un domaine. En posant des questions, vous devez limiter le domaine d'application de la formulation.

Les quantificateurs universels

Le locuteur procède à des généralisations sans autoriser les exceptions. On les identifie à des mots tels que « jamais », « toujours », « tout », « chacun », « aucun », etc. Reprenez ces termes dans vos questions.

Exemples de questions pour contrer les quantificateurs universels

« Il n'a jamais besoin d'aide. »	« Vraiment jamais ? » « À aucun moment ? »
« Tout le monde le comprendra. »	« Vraiment tout le monde ? »
« Tous ressentent de la pitié. »	« Tous sans exception ? »

Le cadre de référence généralisé

Il s'agit dans ce cas des nombreux préjugés négatifs et positifs que nous entendons quotidiennement, comme « les hommes font mieux les créneaux ». Posez des questions en remettant le propos en cause.

Exemples de questions pour contrer le cadre de référence généralisé

« Les hommes se garent plus facilement. »	« Qui fait mieux les créneaux ? » « Tous les hommes en sont-ils capables ? » « Quels hommes n'en sont pas capables ? »
« Les comptables sont près de leurs sous. »	« Est-ce vraiment le cas ? » « Tous les comptables sont-ils près de leurs sous ? »
« Les animaux domestiques donnent du travail. »	« Tous les animaux domestiques ? » « Lesquels donnent du travail ? »

Les verbes de modalité exprimant la nécessité

En employant ces verbes de modalité, nous tentons d'exercer une pression ou du moins de l'exprimer. Dans des propos, comme « Je dois le faire », on ignore la raison pour laquelle on doit agir. Il est donc important de poser des questions pour la connaître. Il s'avère souvent qu'un « je dois » est en réalité un « je veux ».

Exemples de questions pour contrer les verbes de nécessité

« Je dois le faire. »	« Es-tu forcé de le faire ? » « Qui te force à le faire ? »
« Le patron devrait faire plus de compliments. »	« Qui exige cela ? » « Que se passe-t-il quand il ne complimente pas ? »
« Je dois faire du jogging tous les jours. »	« Que se passera-t-il si tu ne le fais pas ? » « Qu'est-ce qui te pousse à le faire ? »

Les verbes de modalité exprimant la possibilité

Ces phrases expriment en revanche des limitations, comme dans « L'enfant ne peut pas rester éveillé ».
Toutefois, il manque généralement aussi dans ce cas la raison de la limitation. Pour contrer les propos qui contiennent des verbes de modalité exprimant la possibilité, il faut poser des questions permettant de mettre en lumière les limitations et les autorisations.

Exemples de questions pour contrer les verbes de possibilité

« L'enfant ne peut pas rester éveillé. »	« Qu'est-ce qui se passerait sinon ? »
« Je ne peux plus continuer à travailler. »	« Qui t'en empêche ? » « Qu'est-ce qui t'en empêche ? »
« Il n'est pas possible que... »	« En quoi cela n'est-il pas possible ? »

En quoi les questions du métamodèle sont-elles des outils importants ?

Les questions en général et celles du métamodèle en particulier sont des outils importants et utiles dans le processus de communication. Beaucoup de celles qui sont précédemment citées en exemple comportent en elles la solution à un problème, notamment lorsque la cause et l'effet sont mis au jour dans le dialogue.
Toutefois, il convient de ne pas exagérer, de ne pas trop poser de questions et de ne pas le faire constamment. Les discussions ne sont pas des contre-interrogatoires. Le dialogue doit rester fluide. Pour cela, il est important de tenir compte des points suivants :

- Le rapport est essentiel dans toute discussion. Celui qui

pose des questions incessantes et n'est plus en contact avec son interlocuteur ne parviendra plus à écouter ce dernier.

- Dans ce cas, les réponses n'ont plus l'utilité souhaitée.
- Préparez la discussion. Mettez-vous à la portée de votre interlocuteur, adaptez-vous à son rythme, à sa voix, à son attitude, en d'autres mots, ayez recours à l'effet miroir. Lorsque votre interlocuteur est prêt, vous pouvez le conduire et l'amener à trouver une solution au problème ou bien à le confronter aux barrières de la communication.
- Ayez recours aux questions du métamodèle. Réfléchissez bien aux informations dont vous avez besoin et posez vos questions dans ce sens.
- Veillez dans le dialogue au bon équilibre entre les questions et les réponses. Ne groupez pas vos questions, mais posez-les au fur et à mesure de la discussion.
- Pratiquez cette technique d'abord dans un cadre privé et petit à petit. Observez très précisément si les questions que vous posez servent à la discussion et donc à la communication ou si au contraire elles lui nuisent.

Le métamodèle évite le « pourquoi » parce que ce type de question agresse souvent. On se sent alors obligé de se justifier et de donner des explications, ce qui ne favorise pas la communication.

5

Quatrième technique : Comment réussir les changements

La PNL propose des techniques efficaces pour susciter une transformation.

Qu'est-ce qui doit changer ?

Avant de se lancer dans des modifications, il faut d'abord savoir à quels endroits elles doivent avoir lieu. Robert Dilts, expert en PNL, a pour cela mis au point le modèle des niveaux logiques. Il est parti du principe que les êtres humains vivent à six niveaux différents tous les processus de l'apprentissage, de traitement des stimuli sensoriels, de changement, de communication, ainsi que le processus permettant de solutionner les problèmes.

Le modèle pyramidal

Le modèle des niveaux logiques est représenté sous la forme d'une pyramide.
Ce modèle part du principe que le niveau supérieur influence celui qui lui inférieur. Il ne s'agit donc pas d'une route à sens unique. Les six niveaux sont en permanence en interaction les uns avec les autres.

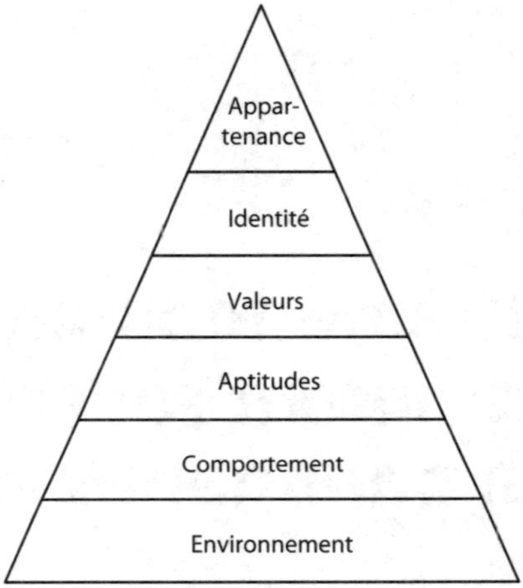

Travailler avec le modèle des niveaux logiques

En posant des questions correspondant à chaque niveau, il est possible de rassembler des informations permettant de situer l'endroit où un changement est nécessaire.

- D'une part, les questions posées aux différentes personnes permettent d'adopter la première ou la deuxième position (voir page 52 et suivantes). Plus une personne en sait sur elle-même et sur son interlocuteur, plus il lui est facile de se mettre à la place de l'autre. De ce fait, les problèmes peuvent être identifiés plus aisément et on évite de s'adonner à de pures spéculations.
- D'autre part, il est possible d'attribuer à un niveau les problèmes et les endroits où un changement s'impose. Toutefois, leur traitement a lieu au niveau qui est juste au-dessus.
- Les différents niveaux sont également adaptés au traitement d'un sujet ou à la mise au point d'un objectif. Si vous avez un exposé à préparer, vous pouvez, en posant des questions

ciblées, voir les répercussions que le sujet a sur les différents niveaux et avoir ainsi une approche globale.

Exemple de modification selon le modèle pyramidal

François fait de la vente par téléphone. Lorsqu'il prend les commandes des clients, il fait constamment des erreurs. Le problème se situe au deuxième niveau : son comportement n'est pas adapté. La solution se trouve au troisième niveau : son responsable s'arrange pour que François s'entraîne au téléphone afin de développer ses compétences. Si, toutefois, François n'a aucun goût pour la discussion téléphonique avec les clients, ce stage ne lui servira à rien. La solution se situe alors au niveau des valeurs et de l'identité professionnelle : « Je suis un vendeur compétent. »

Comment poser des questions en fonction des niveaux ?

Premier niveau : questions concernant l'environnement

Toute action, toute réaction et tout résultat a lieu dans un contexte bien spécifique. L'« environnement » correspond aux circonstances extérieures et aux conditions dans lesquelles se trouvent des individus, tout ce qu'ils perçoivent avec leurs sens, par exemple les lieux, les objets, le temps qu'il fait, les autres personnes présentes, le moment, etc.

Les questions à poser sont les suivantes :

- « Où et dans quelle situation se trouve la personne ? »
- « Quand, à quel moment ? »
- « Quels sont les participants ? »

- « Quel est le contexte ? »

Deuxième niveau : comment la personne se comporte-t-elle ?

Le deuxième niveau montre tous les types de comportement qui sont visibles chez un être humain, c'est-à-dire la manière dont il agit et réagit : les gestes, les mimiques, les mouvements, le choix des mots, la voix, la respiration, l'attitude, etc.

- « Que fait la personne ? »
- « Que puis-je observer avec mes sens ? »

Troisième niveau : quelles sont les aptitudes de la personne ?

Il s'agit ici des processus cognitifs et émotionnels qui ont lieu en nous. Ils ne sont pas directement visibles mais indirectement perceptibles au travers de l'observation du comportement. Il s'agit donc d'interprétations. Les aptitudes correspondent à la manière dont une personne mène quelque chose à bien, aux stratégies et aux programmes qu'elle met au point pour « produire » le comportement approprié. Elle dispose d'atouts conscients mais également de ressources inconscientes.

- « Quelles sont les aptitudes dont fait preuve la personne ? »
- « Quels sont les atouts de la personne, qu'est-elle capable de faire ? »
- « Comment procède-t-elle ? Comment mène-t-elle ses actions ? »

Quatrième niveau : quelles sont les valeurs qui comptent pour la personne ?

Le niveau des valeurs correspond aux représentations, aux convictions, aux motivations et aux expériences évaluées qui sous-tendent les actions visibles. Chaque comportement a une raison qui le justifie, et ce niveau donne une idée du motif pour lequel quelqu'un fait quelque chose. Il s'agit là des valeurs et des convictions individuelles. Ces dernières correspondent à « ce qui est vrai pour moi, » à mon propos en tant que personne, à propos des autres et de mon environnement. Elles influencent et structurent fortement les niveaux inférieurs.
Chaque individu a une hiérarchie des valeurs qui lui est propre. Si deux valeurs impliquent deux comportements différents, la personne adaptera son attitude à la valeur la plus élevée.

> On ne peut pas dire des valeurs qu'elles sont bonnes ou mauvaises. On peut simplement les évaluer en fonction de leur utilité par rapport à un objectif donné. Le « perfectionnisme », par exemple, peut également être une valeur nuisible. Nombreux sont ceux qui érigent leurs valeurs en vérité absolue. Toutefois, ce qui est vrai pour l'un ne s'applique pas forcément aux autres.

- « Qu'est-ce qui compte pour la personne ? Dans quoi s'investit-elle ? »
- « Pourquoi et dans quel but entreprend-elle quelque chose ? »
- « Qu'est-ce qui la motive et la fait avancer ? »

Cinquième niveau : comment la personne se voit-elle ?

Le niveau de l'identité correspond aux représentations que chacun se fait de lui-même. Il s'agit de la somme de toutes les expériences et des valeurs, de l'identité personnelle et sociale et du rôle qu'un individu a dans une structure sociale.

- « Qu'est-ce que je pense de moi-même ? »
- « Qui suis-je ? »
- « Quels sont les rôles centraux ? »

Sixième niveau : quelle est l'appartenance de la personne ?

Le niveau le plus élevé dépasse l'individu. Il correspond au contexte le plus élevé, à la spiritualité. Il s'agit là du sens de la vie, de la source de l'action humaine, de la mission. Les thèmes sont la religion, la nature, l'univers, l'humanité, etc.

- « Qu'est-ce que le sens de la vie ? »
- « À quel grand tout appartient la personne ? »

Contrôler la perception en ayant recours aux sous-modalités

Tout ce que nous percevons et assimilons au travers de nos cinq sens a des caractéristiques très précises et concrètes. Le cerveau humain travaille avec une grande précision : il se souvient des qualités spécifiques de chaque expérience et de chaque stimulus sensoriel.

Une image enregistrée a une certaine couleur et luminosité et des contours précis. Un son est constitué d'une intensité, d'une sonorité et d'une tonalité bien particulières. Les sensations, les odeurs et les saveurs ont toujours la même empreinte et la même intensité reconnaissable.

Grâce aux sous-modalités, nous nuançons le monde

En PNL, les sous-modalités correspondent aux qualités affinées des caractéristiques visuelles, auditives, kinesthésiques, olfactives et gustatives.

Les fonctions des sous-modalités

Les sous-modalités structurent les qualités des perceptions et des souvenirs, cela signifie qu'il ne s'agit pas seulement de luminosité en tant que terme générique mais du degré spécifique et concret de luminosité. De ce fait, il est possible de différencier les qualités au niveau des stimuli sensoriels et de les comparer.

Les sous-modalités nous permettent de percevoir une différence entre les choses et de saisir plusieurs qualités.

Exemple de sous-modalités

André se souvient bien du goût du pot-au-feu de sa mère : les poireaux et le chou lui donnaient une saveur très particulière, sa couleur était appétissante et son odeur à nulle autre pareille. À chaque fois qu'il commande un pot-au-feu dans un restaurant, il peut toujours, grâce à ces sous-modalités qu'il a enregistrées, constater les différences entre le plat qu'il déguste et celui que sa mère lui préparait.

La sous-modalité n'est pas le contenu

L'être humain est capable de modifier consciemment les caractéristiques d'images qu'il se représente intérieurement. Nous pouvons par exemple nous imaginer qu'un objet est très petit alors que ce n'est pas le cas dans la réalité. Les sous-modalités sont vides de contenu. Cela signifie que leur modification n'influence pas le contenu de l'image : une maison que nous nous représentons comme étant très petite reste une maison. La modification peut toutefois conférer une nouvelle signification à l'image. Si nous nous souvenons d'un objet comme étant « grand » et « clair », cela peut avoir une certaine importance. En revanche, ce même objet perd de son importance si nous l'imaginons très petit et à peine éclairé.

> La manière dont nous évaluons les sous-modalités est propre à chacun : la même taille et la même luminosité sont perçues différemment.

Travailler avec les sous-modalités

Le travail avec les sous-modalités peut donc modifier l'importance des images enregistrées. Les spécialistes de la PNL y ont recours pour solutionner des problèmes et établir des ancres positives. L'image d'un objet problématique est modifiée jusqu'à obtenir un apaisement. On renforce la perception positive jusqu'à ce qu'elle soit exploitable en tant que ressource.

Utiliser les sous-modalités analogiques et digitales

Il existe deux sortes de sous-modalités : elles sont soit analogiques, soit digitales.

- **Les sous-modalités analogiques** : elles varient infiniment entre les extrêmes. Il existe par exemple différents degrés de luminosité, de volume, de pression et de taille. On peut ainsi procéder à une modification de manière progressive, comme si on s'aidait d'un régulateur. La luminosité et le volume peuvent être progressivement accentués ou au contraire atténués ; de même, la pression peut être variable. Une image peut s'agrandir ou bien se réduire.

- **Les sous-modalités digitales** : celles-ci fonctionnent sur le principe « allumé-éteint ». Soit elles sont présentes, soit elles ne le sont pas : entre les deux, il n'y a pas d'état. La modification ne peut avoir lieu que dans le cadre de cette alternative, comme si on utilisait un interrupteur.

On peut aussi se référer aux exemples mono-stéréo ou encore associé-dissocié (voir page 51).

Reconnaître les sous-modalités

Les sous-modalités se situent dans tous les systèmes de perception.

Perception	**Sous-modalité**
Visuel	Éclairage (clair, sombre) Couleur (coloré, noir et blanc) Contour (net, flou) Surface (mat, brillant) Forme (rond, anguleux) Taille (grand, petit) Distance (loin, près) Position (à gauche, à droite, en haut, en bas) Dimension (bidimensionnel, comme sur un écran, tridimensionnel)

Auditif	Volume (fort, bas) Rythme (lent, rapide) Registre (bas, aigu) Tonalité (perçant, nasal) Lieu de la source du bruit (devant, derrière, en haut, en bas
Kinesthésique	Intensité (faible, fort) Température (froid, chaud) Position (à quel endroit du corps ?) Qualité (agréable, désagréable)

Induire des changements

On peut soi-même occasionner des changements en ayant recours aux sous-modalités et en jouant avec elles. Chaque individu perçoit des différences et peut les modifier légèrement et discrètement.

Parfois, il suffit de modifier une seule qualité, ce qu'on appelle la qualité critique, pour obtenir un apaisement : repousser par exemple ce qui est menaçant dans le coin d'une image, supprimer la couleur ou bien augmenter la température d'une situation vécue.

Exemple de changement obtenu grâce aux sous-modalités

Marie a très peur des bergers allemands. Elle est terrorisée quand elle en croise un et se sent mal à l'aise quand elle lit un texte sur ces chiens ou bien quand elle voit une photo qui les représente.

Pour apaiser sa peur, elle a travaillé avec les sous-modalités et a modifié sa représentation intérieure des bergers allemands : elle a fait en sorte que l'animal ne soit visible qu'en tout petit dans un coin de l'image. Elle a changé les couleurs de l'image en ayant recours au noir et blanc. Le contenu de l'image (un berger allemand) reste identique, mais il n'a plus la même importance pour Marie, qui a réussi à apaiser considérablement sa peur.

Les sous-modalités sont des aides précieuses pour planifier un objectif. En effet, on peut se représenter celui-ci avec tous les sens, de manière très plastique, de sorte qu'on puisse presque s'en emparer. On établit ainsi une ancre visuelle, auditive et kinesthésique qui nous servira à l'avenir.

Autre exemple

Votre objectif est d'acheter une maison en bord de mer. La bâtisse se situe au milieu de l'image que vous vous représentez. Votre vision est très plastique : vous voyez la taille et la forme de la maison, sa couleur, les fleurs parfumées et colorées, la verdure tout autour, la mer, le chant des oiseaux dans le ciel estival, vous sentez vos pieds chauffer au soleil et la douceur du sable. Appuyez maintenant sur le bouton et agrandissez l'image. Elle s'éclaircit et se colore. Les bruits deviennent plus perceptibles et la sensation de chaleur vous envahit. Il en résulte un objectif concret, perceptible au travers de tous vos sens, que vous pouvez visualiser quand vous voulez.

Trois méthodes pour induire des changements positifs

La PNL a recours à la modélisation, à la stratégie de créativité de Walt Disney et au recadrage pour susciter des changements de comportement.

Qu'est-ce que la modélisation ?

La modélisation est la première forme de l'apprentissage. L'enfant observe le comportement de son père et de sa mère, le reproduit et le répète. La modélisation consciente en PNL consiste à apprendre le comportement de spécialistes ou de personnes qui réussissent particulièrement bien. Elle analyse les structures et stratégies conscientes et inconscientes qui sous-tendent un comportement dit d'excellence. Il s'agit de savoir « comment » on réussit.

Le processus de la modélisation

- La modélisation examine la manière dont se distinguent un comportement d'excellence et un comportement d'échec. Elle part du principe que tout comportement s'apprend lorsque les processus qui le sous-tendent sont connus. Dans le processus de modélisation, on apprend à se comporter comme le modèle.

- La modélisation établit des cartes mentales sur lesquelles est inscrite la manière dont le modèle agit, pense et ce qui compte pour lui. Elle nomme des modèles identifiables et reproductibles L'objectif est de comprendre comment un autre que soi procède dans une certaine situation et de répéter ce comportement.

- La PNL part du principe que tout ce que l'être humain est capable de faire peut s'apprendre (voir pag 28). Tout le monde ne peut bien évidemment pas être Léonard de Vinci. Mais il est possible d'adopter le comportement des personnes qui réussissent, de reproduire leurs stratégies et leurs modes de pensée.

Jdentifier les structures du modèle et les employer

Le processus de modélisation explore les structures et les stratégies qui font le comportement d'excellence du modèle.

- Il s'agit d'observer très précisément le comportement

d'excellence et son action.

- Celui qui veut modéliser adopte la deuxième position perceptuelle et agit comme s'il était la personne qu'il souhaite modéliser.

- Pour ce faire, il questionne le modèle en se référant à tous les niveaux logiques.

Exemple de processus de modélisation

Dominique est très impressionné par un coach connu et souhaite en faire son modèle. Il est surtout intéressé par son excellente manière de gérer les choses pendant les groupes de travail et les séminaires. Le coach sait exactement comment se comporter quand un participant émet des objections et pose des questions.

Environnement : quand, où et dans quelle situation précisément le comportement d'excellence du modèle se manifeste-t-il ?
Quand le coach anime des séminaires, lorsqu'il travaille sur le contenu et que des questions sont posées.
Comportement : que fait exactement le modèle ? Quels sont son langage et son comportement ? Quels sont ses gestes et ses mimiques ?
Il établit un contact visuel avec les participants, il a une attitude agréable, pose des questions claires, opine de la tête, etc.
Aptitudes : comment procède le modèle ? Quelles sont ses stratégies et ses aptitudes ?
Il écoute avec attention, calibre, crée un rapport avec le participant et visualise les questions sur un paper-board.
Valeurs : pour quels motifs agit-il ainsi ? Qu'est-ce qui est important ?
Il est convaincu de l'intention positive du participant, s'intéresse au motif et à la signification (le motif est ne pas « vouloir déranger »).
Identité : comment le modèle se voit-il ? Quel rôle adopte-t-il ?
Il se considère comme un accompagnateur dans les processus d'ap-

prentissage et comme un modèle pour établir une communication de qualité.
Ces observations permettent à Dominique de changer d'avis par rapport aux interventions des participants. Ce qu'il voyait comme des objections deviennent des contributions précieuses. Il décide d'adopter le comportement du coach dans ses propres séminaires, de poser des questions claires et d'établir un contact visuel plus net avec les participants.

Être créatif comme Walt Disney

La stratégie de créativité de Walt Disney est issue de la modélisation. Robert Dilts a érigé en modèle ce producteur de films pour exploiter sa créativité et son imagination dans le cadre de processus de changement.

La stratégie de Walt Disney se divise en trois phases. À chacune d'elles est attribué un rôle particulier : celui du Rêveur, du Réaliste et du Critique. Ainsi la personne qui utilise cette stratégie peut avoir des points de vue différents sur un même sujet, chaque rôle apportant des aspects différents à l'ensemble. Les rôles se distinguent les uns des autres et ne s'influencent pas.

Première phase : le temps du Rêveur

La stratégie de Walt Disney commence toujours avec la position du Rêveur. Rêver, c'est-à-dire regarder vers l'avenir plein de promesses. Ce rôle donne accès à la vision, il se la représente avec des images très concrètes, fait surgir le beau et le souhaitable devant les yeux intérieurs. Tout est permis, il n'y a pas de limites. Le rêveur n'est pas concerné par le fait que son rêve soit réalisable ou non et pas plus par des objections qui se justifient. Il est tout à ses idées, à son inspiration et à sa vision. C'est ainsi qu'il construit sa réalité future et donne de la matière au Réaliste. Pendant le processus du rêve, il est complètement associé, tandis qu'il vit l'avenir rêvé de manière dissociée. Voilà comment accéder au rôle du rêveur :

- Installez-vous dans un endroit agréable de votre appartement.
- Mettez au point votre vision et utilisez le langage du système de représentation visuel.
- Pendant ce temps, dirigez votre regard vers le haut.
- Employez les sous-modalités visuelles pour peindre votre rêve : éclaircissez-le, colorez-le et agrandissez-le.
- Pour finir, mettez un terme à l'état de rêverie. Quittez l'endroit où vous étiez et pensez à quelque chose de neutre.

Deuxième phase : activez le Réaliste

La deuxième position se charge exclusivement de la concrétisation des visions. Il s'agit de réfléchir consciemment à la transposition des idées visionnaires dans la réalité. Le Réaliste a recours à des actions concrètes, il vérifie les conditions de réalisation, fait comme s'il concrétisait les idées, réunit les informations et met des outils à disposition. Il réalise intérieurement ce que le Rêveur a vu dans l'avenir et parle au présent, par exemple « Je réfléchis à la manière de procéder pour poser ma candidature, j'écris mon curriculum vitae… ». Il propose des étapes et des stratégies pour mettre au point le projet. Voilà comment accéder au rôle du Réaliste :

- Installez-vous dans un autre endroit dévolu au rôle du Réaliste.
- Lors de vos réflexions, employez le langage du système de représentation kinesthésique.
- Orientez votre regard vers le bas.

- Travaillez avec les sous-modalités kinesthésiques lorsque vous concrétisez vos projets. Utilisez des mots comme « saisir », « avec énergie », « tenir debout sur ses deux jambes ».
- Au bout d'un certain moment, mettez un terme à vos pensées.

Troisième phase : critiquez les résultats

La troisième position adopte la métaposition. Elle est très éloignée des projets et des émotions. Le Critique se livre à la critique et aux objections, il remet en question et, dans un dialogue intérieur, se demande ce qui joue pour ou contre la réalisation de la vision.

Le Critique ne remet pas en cause personnellement le Rêveur ou le Réaliste. Il se contente d'évaluer le projet et les processus de réalisation. Pour ce faire, il tire profit des expériences passées ou établit des parallèles avec d'autres domaines. Voilà comment accéder au rôle du Critique :

- Installez-vous dans un autre endroit dévolu au Critique.
- Employez le langage du système de représentation auditif, des bruits, des voix, des propos, des opinions pour que le Critique se fasse entendre dans un dialogue intérieur.
- Regardez droit devant vous.
- Utilisez les sous-modalités auditives : laissez par exemple les propos s'exprimer plus clairement et fortement.

Les cinq points qui permettent d'appliquer efficacement la stratégie de Walt Disney

1. Respectez toujours l'ordre des rôles : d'abord le Rêveur,

puis le Réaliste et enfin le Critique.

2. Répétez tous les processus allant de la conception à la réalisation du projet jusqu'à ce que le Critique donne son accord sans objection. Ce dernier clôt toujours le processus.
3. Quand vous adoptez les différents rôles, utilisez toujours consciemment les canaux sensoriels qui leur sont adaptés. Séparez bien sans états d'âme la vision du Rêveur du dialogue intérieur critique.
4. Employez la stratégie de créativité en attribuant un emplacement bien spécifique à chaque rôle, soit à l'intérieur d'une même pièce (le canapé au Rêveur, le bureau au Réaliste et le fauteuil au Critique) soit en consacrant une pièce différente à chacun. Si les rôles sont clairement séparés, vous en tirerez tous les avantages possibles.
5. Le Réaliste et le Critique sont en contact l'un avec l'autre. Cela ne doit absolument pas être le cas pour le Critique et le Rêveur afin d'éviter à ce dernier d'être trop fortement remis en cause.

Le recadrage, ou comment réinterpréter les situations

Les êtres humains donnent une signification à tout ce qu'ils perçoivent, c'est-à-dire qu'ils se réfèrent à un cadre bien précis. Si ce cadre change, la signification du même événement change aussi. En PNL, on parle alors de recadrage. Il existe de nombreux exemples pour illustrer ce propos : les consommateurs, par exemple, ont une appréciation différente des mêmes produits si leur présentation change. La modification du cadre, en l'occurrence de l'emballage ou du nom, aboutit au fait que les consommateurs attribuent d'autres qualités aux produits.

De telles réinterprétations du contenu fonctionnent aussi quand on travaille sur les changements de comportement. Le fait que dans le recadrage, ce n'est pas le comportement qui change mais seulement l'interprétation amène souvent efficacement à trouver une solution. L'utilisateur observe ainsi une situation depuis un autre angle et trouve de nouveaux points d'accroche pour éventuellement se sortir d'un contexte négatif et paralysant. Cela permet d'avoir un point de vue positif sur une situation perçue comme étant négative, dissipe les généralités et explicite une situation bien précise. La bonne intention et l'aspect positif d'un comportement se révèlent dans un contexte particulier.
Le recadrage augmente la flexibilité parce qu'il remet en question les significations et les attributions et autorise de nouvelles perceptions et significations. Il élargit la carte mentale de l'utilisateur. On peut réinterpréter les situations de deux manières : avec le recadrage de contexte ou avec le recadrage de contenu.

Le recadrage de contexte

Le recadrage de contexte met un comportement difficile ou une qualité négative dans un nouveau cadre. Il s'agit de trouver une situation dans laquelle le comportement difficile ou la qualité négative sont utiles.

Exemple de recadrage de contexte

Propos	**Recadrage**
« J'arrive toujours en avance. »	C'est toujours très utile quand on a un train ou un bus à prendre ou bien lors d'un rendez-vous important.

« Je suis trop lent. »	Le fait d'être minutieux implique que l'on fait moins d'erreur.
« Je suis trop obstiné. »	L'obstination est utile quand il s'agit de refuser une offre non souhaitée.

Le recadrage de contenu

Avec le recadrage de contenu, la situation et le contexte restent les mêmes. En revanche, on évalue différemment la signification d'une qualité ou d'un comportement. La question déterminante est la suivante : « Qu'est-ce que cette situation peut avoir de bien et que pourrait-elle signifier par ailleurs ? »

Exemple de recadrage de contenu

Propos	**Recadrage**
« Je n'aime pas entendre le chien aboyer. »	Tu sais pourtant qu'il monte la garde.
« Je reste très calme quand » on me critique.	Pourtant tu ne peux rien dire qui soit faux.
« Cela me dérange d'entendre mon père marteler dans la cave. »	Pourtant il ne peut pas te faire des remontrances parce que tu n'as pas rangé ta chambre.

Employer la technique du précadrage pour anticiper les objections

Le recadrage signifie que l'on donne aux propos ou aux objections un nouveau cadre après qu'ils ont été dits ou écrits.

Le précadrage en revanche pose au préalable un nouveau cadre. C'est une élégante technique pour traiter les objections dans un discours, dans une conversation entre un vendeur et son client ou dans un courrier. Avant que le sujet ne devienne un problème, il est mis dans un cadre qui le présente sous un angle positif.

Exemple de précadrage

Dans une conversation entre un vendeur et son client : « Vous vous demanderez peut-être pourquoi nos délais de livraison sont si longs. Notre entreprise accorde une attention toute particulière à la qualité de la préparation des commandes, ce qui explique que nous prenons le temps nécessaire. »

Dans un discours : « Peut-être que certains d'entre vous se demandent si les mesures que je vous ai présentées pour le lancement sont adaptées à la cible que nous voulons atteindre. D'après l'expérience que nous avons de ces dix dernières années, je peux vous dire que… »

6

Percevoir avec tous les sens

Dans la pratique

Nous percevons toutes les informations que notre cerveau traite à travers nos cinq sens. La plus grande partie des informations est enregistrée de manière inconsciente, dans sa globalité, et il est difficile de savoir ce qui passe par tel ou tel sens. Grâce à un entraînement adapté, nous pouvons cependant faire travailler notre perception consciente et nous exercer à aiguiser nos sens. Car des sens aiguisés nous donnent des indications importantes sur notre interlocuteur et sur l'art des relations humaines. Nous découvrons également comment nos filtres fonctionnent. En effet, ce que nous percevons ne correspond pas exactement à la réalité parce que nous choisissons chacun parmi le flux des stimuli.

Chaque être humain a ses préférences concernant la manière dont il voit et entend le monde, et dont il traite les stimuli sensoriels qu'il enregistre avec la peau, le nez et la langue. Cela se reflète dans le langage personnel de chacun.

Les exercices suivants vous permettront d'apprendre à identifier les différentes manières de percevoir et à les utiliser dans la communication. Vous vous exercerez à employer votre propre langage avec flexibilité et à vous réadapter à votre interlocuteur ou à un autre contexte. Cela vous permettra d'acquérir un plurilinguisme sensoriel, de surmonter les barrières de la langue et d'établir un bon contact avec votre interlocuteur.

Test : De quel type êtes-vous ?

Les pages suivantes vous proposent de faire un petit test, qui vous permettra de savoir quel est votre canal sensoriel prioritaire. Attribuez des points à chaque réponse figurant dans le test :

- 5 points à la réponse qui vous correspond le mieux et qui reçoit le plus votre assentiment.
- 3 points à la réponse qui reçoit également (en deuxième position) votre assentiment.
- 1 point à la réponse qui vous correspond le moins, à peine ou pas du tout.

Reportez le nombre de points (5, 3 ou 1) dans la colonne correspondante, c'est-à-dire dans la case blanche. Les colonnes indiquent l'appartenance d'une réponse à un canal sensoriel : V = visuel (voir), A = auditif (entendre) et K = kinesthésique (toucher).

Enfin, vous additionnerez les points dans les différentes colonnes (V, A et K) et vous noterez à la fin du test le nombre de points comptabilisés dans chaque colonne. Vous trouverez l'évaluation à la page 124.

De quel type êtes-vous ?			
Lors d'une formation ou d'un séminaire, vous préférez :	**V**	**A**	**K**
une visualisation claire et globale sur un transparent, une feuille de papier ou un paper-board.			
un exposé et une discussion approfondie.			
des exercices pratiques sur le sujet.			
Avec les gens, je me souviens :	**V**	**A**	**K**
du contexte général de la rencontre.			
de leur aspect (vêtements, visage).			
de ce qu'ils disent.			
Quand je réfléchis à un problème,	**V**	**A**	**K**
je parle tout haut ou j'en discute avec les autres.			
je fais un schéma et je prends des notes.			
je me lève et je marche, je tourne le problème dans tous les sens.			
Pour me motiver face à une tâche difficile,	**V**	**A**	**K**
je m'encourage et trouve une bonne raison.			
je me prépare physiquement.			
je visualise le succès.			
Quand je veux apprendre quelque chose,	**V**	**A**	**K**
je répète à haute voix.			
je fais des exercices pratiques.			
je prends des notes et je surligne ce qui est important.			
Quand je veux prendre une décision,	**V**	**A**	**K**
je me fie à ce que je ressens physiquement.			
je me fie à ce que je vois intérieurement.			
je me fie à ma voix intérieure.			
Je me souviens des belles journées de vacances :	**V**	**A**	**K**
le bruit de la mer et les chants d'oiseaux, le calme, la musique et les bonnes discussions.			
le bleu du ciel, la lumière du soleil, la couleur des vêtements et des maisons.			
la sensation de détente, le vent dans les cheveux, le sable sur la peau.			
Somme des points			

Évaluation

1. Plus de 30 points dans une colonne : vous préférez ce canal sensoriel, généralement de manière inconsciente : **Le type visuel** aime les couleurs et les formes, la clarté et les détails. Il voit des images intérieures, surligne les textes et se réfère aux tableaux et aux graphiques. **Le type auditif** aime la musique et les bruits, bouge souvent les lèvres en lisant, parle avec lui-même (tout haut ou bien dans un dialogue intérieur), se fait interroger pour apprendre. **Le type kinesthésique** aime le mouvement, apprend en essayant et en faisant par lui-même, touche les autres et recherche la proximité. Il fait beaucoup de gestes.

Si vous avez un canal prioritaire, changez-en de manière consciente pour avoir une perception sensorielle diversifiée.

2. Moins de 15 points dans une colonne : quand deux sens comptabilisent nettement plus de points que le troisième, essayez de stimuler consciemment le canal sensoriel qui est le moins utilisé.

3. Environ 20 points dans chaque colonne : si les points sont répartis équitablement entre les trois canaux sensoriels, vous pouvez facilement passer d'un canal à un autre selon le sujet ou le contexte.

À chaque type correspond un langage spécifique. Entraînez-vous avec les exercices suivants.

Développez votre perception

Exercice : Concentrez-vous sur un canal sensoriel • 25 min

Dans la vie quotidienne, nous traitons simultanément une multitude de stimuli sensoriels. Les exercices suivants vous permettront d'aiguiser vos sens les uns après les autres et de développer les canaux sensoriels que vous utilisez le moins. Avec un partenaire, faites par exemple :

- une balade en forêt ou sur la plage,
- une promenade sur un marché,
- la visite d'un musée.

Décrivez successivement pendant 5 minutes environ ce que vous voyez, entendez, sentez. Focalisez-vous sur les bruits et les goûts que vous percevez. Votre partenaire doit veiller à ce que, dans un premier temps, vous n'évoquiez que les stimuli visuels comme les couleurs et les formes des objets, puis les sons et les bruits, etc.

Conseil

Faites vos premières tentatives dans un endroit où vous pourrez parler à voix haute, par exemple sur la plage ou dans la forêt. Décrivez bien les différences et les finesses : *est plus clair que, jaune poussin, à 90°, sons très aigus, a l'odeur de la menthe.*

Suggestion

Vous pouvez également faire cet exercice sans partenaire, dans la salle d'attente du médecin, quand vous allez au travail et partout où vous pouvez diriger votre attention et que rien ne la mobilise déjà (comme par exemple la conduite automobile). Dans le traitement normal de nos perceptions par les sens, tous les stimuli sont simultanés. Essayez donc d'entraîner vos canaux sensoriels les uns après les autres :

- Observez les gens, leurs vêtements, leur langage gestuel, leurs mimiques et leurs mouvements. Observez les objets, leurs couleurs, leurs formes, leurs mouvements et tous leurs détails.

- Écoutez les conversations (fermez éventuellement les yeux pour n'employer que le canal sensoriel « oreille »). Soyez attentif au volume sonore, au rythme de la conversation, aux intonations, au langage et au choix du vocabulaire.
- Éteignez le son de la télévision et ne regardez que les images. Puis fermez les yeux et n'écoutez que le son.
- Soyez attentif aux différentes sensations qui relèvent du toucher : le contact de vos vêtements sur la peau et la tension dans le corps. Sentez le souffle de l'air, la chaleur ou le froid.
- Entraînez le goût et l'odorat, par exemple en mangeant et en buvant, et en vous promenant dans la nature.

Employer un langage sensoriel spécifique

Exercice : Collecter des mots • 10 min

Notre langage nous indique le canal sensoriel qui est employé. Cet exercice vous permettra de découvrir les mots qui sont attribués aux différents canaux sensoriels. Reportez dans le tableau ci-dessous, dans la colonne qui leur correspond, les substantifs, les verbes et les adjectifs qui vous viennent à l'esprit :

Visuel (Yeux)	Auditif (Oreille)	Kinesthésique (Peau)	Olfactif (Nez)	Gustatif (Langue)

En fonction de votre type, vous pouvez soit d'abord remplir une colonne entièrement, soit compléter les colonnes parallèlement et ainsi passer d'un canal sensoriel à un autre.

Fin de l'exercice

Voici quelques réponses possible :

Visuel : Regard Vue Moment Rayonnement Luminosité Rayonner Éclaircie Regarder Observer Confus Voir Noir Blanc Coloré Solaire Brumeux

Auditif : Musique Bruit Sons Mot Harmonie Parler Résonner Appeler Écouter Demander Crier Juste Silencieux Rauque Rythmique Sourd

Kinesthésique : Sensation Lourdeur Douceur Chair de poule Dureté Ressentir Saisir Picoter Manier Toucher Appuyé Ferme Prendre Mou Raide Détendu

Olfactif : Odeur Parfum Flair Sentir Puer Putride Aromatique Humer Nauséabond Pourri Parfumé Inodore Fleuri Douceâtre Piquant Enivrant

Gustatif : Arôme Gourmet Manger Boire Lécher Mâcher Goûter Amer Aromatique Juteux Corsé Doux Poivré Épicé Acide Délicieux

Exercice : Trouver des expressions • 20 min

Avec cet exercice, vous développerez le vocabulaire adapté aux différents canaux sensoriels. Pour chaque canal, trouvez 10 expressions, proverbes, citations ou slogans publicitaires.

Exemples

Visuel : Être blanc comme neige. La lumière au bout du tunnel. L'arbre cache la forêt. Une fleur, la vie (slogan publicitaire de Yoplait).

Auditif : Faire la sourde oreille. Ne rien n'y entendre. Un silence de mort. La voix de son maître (slogan publicitaire de Thomson).

Kinesthésique : Avoir la chair de poule. Il fait un froid de canard. Avoir les cheveux qui se dressent sur la tête. Cette sensation s'appelle Coke (slogan publicitaire de Coca-Cola).

Olfactif/Gustatif : En avoir l'eau à la bouche. Avaler la pilule. Avoir du flair. Nous, c'est le goût (slogan publicitaire de Quick).

Utilisez le tableau de l'exercice précédent pour vous aider. Trouvez dans les expressions ce qui correspond au type :
visuel : couleurs, formes, perspectives, l'organe sensoriel (les yeux) et tout ce qui a un rapport avec le fait de voir.

____

____

____

auditif : les bruits, l'organe sensoriel (l'oreille) et tout ce qui a un rapport avec le fait d'entendre et de parler.

____

____

____

kinesthésique : les sensations, l'organe sensoriel (la peau) et toutes les activités qui sont réalisées avec les mains.

____

olfactif/gustatif : la bouche, la langue et le nez, le goût et les odeurs, manger et boire.

Fin de l'exercice

Visuel :

- Avoir le feu vert.
- Voir avec le cœur.
- Mettre quelque chose noir sur blanc.
- Tout ce qui brille n'est pas or.
- Annoncer la couleur.
- À première vue.
- Avoir à l'œil.
- Avoir carte blanche.
- Avoir des yeux de lynx.

Auditif :

- Tendre l'oreille.
- On n'entend pas une mouche voler.
- Avoir des trémolos dans la voix.
- Être toute ouïe.

- Avoir la puce à l'oreille.
- Avoir le dernier mot.
- Avoir les oreilles qui sifflent.
- Avoir l'oreille musicale.
- Ce n'est pas tombé dans l'oreille d'un sourd.

Kinesthésique :

- Gagner haut la main.
- Avoir quelqu'un dans la peau.
- En avoir plein le dos.
- Mentir comme on respire.
- Avoir quelque chose bien en main.
- Avoir la main verte.
- Donner un coup de main.
- Prendre son courage à deux mains.
- Être à fleur de peau.
- Avoir la peau dure.

Olfactif/Gustatif :

- L'argent n'a pas d'odeur.
- Faire la fine bouche.
- Mettre le nez dans les affaires des autres.
- Se bouffer le nez.
- Enlever le pain de la bouche.
- Manger comme un cochon.

- Avoir un mot sur la langue.
- Manger sur le pouce.
- La moutarde lui monte au nez.
- Ne pas pouvoir sentir quelqu'un.

Exercice : Changer de canal sensoriel • 20 min

Chacun exprime les choses à sa manière. Vous n'avez pas toujours un interlocuteur qui a les mêmes préférences dans le domaine du langage que vous. Pour créer un bon contact avec votre interlocuteur, il peut être utile de passer d'un langage sensoriel spécifique à un autre et de pouvoir facilement reformuler les choses.

Entraînez-vous en traduisant les propos appartenant à un système de représentation de manière à ce qu'ils correspondent à un ou plusieurs autres canaux sensoriels. Identifiez d'abord le canal sensoriel auquel se réfère la première phrase, puis traduisez-la :

- Je sens les choses ainsi.
- Nous voyons les choses de la même manière.
- Nous devons encore discuter de cette question.
- Je vois la solution.
- Je saisis bien le sujet.

Fin de l'exercice

Visuel
- C'est ainsi que je vois les choses.
- Nous voyons les choses de la même façon.

- Cette question reste à éclaircir.
- Je vois la solution.
- Voici un aperçu du sujet.

Auditif

- J'entends les choses ainsi.
- Nous sommes sur la même longueur d'ondes.
- Nous devons encore discuter de cette question.
- J'entends la solution.

Kinesthésique

- Ça me convient
- Nous sentons les choses de la même manière.
- Nous devons reprendre cette question.
- Cela permet de saisir le sujet dans son ensemble.

Gustatif

- Ça me plaît.
- Nous avons les mêmes goûts.

7

Établir le contact

Dans la pratique

L'objectif d'une communication de qualité est d'établir un contact avec votre interlocuteur avec respect et de vous engager.

Dans de nombreux cas, le contact s'établit inconsciemment de manière idéale. On emploie consciemment ces techniques de communication quand la discussion « coince » entre les interlocuteurs et que la communication pourrait être améliorée ou quand il s'agit de prévoir des objectifs et de les réaliser. Ce chapitre vous permettra de vous exercer à entrer en contact de manière ciblée avec un interlocuteur et d'atteindre ensemble les objectifs de la discussion. Vous y parviendrez plus facilement si vous adoptez la manière de penser d'autres personnes et si vous investissez leur vision du monde. Vous agirez avec plus de souplesse en tenant compte de ces différences et vous augmenterez les chances de réussite de la communication.

Construire et améliorer le rapport

Exercice : Observer les situations de la vie quotidienne • 10 min

Le rapport est la relation positive entre les gens. Construire le rapport signifie que l'on établit un contact au niveau de la communication verbale et du langage du corps avec l'interlocuteur.

De nombreuses situations quotidiennes vous offrent l'opportunité d'observer la manière dont les gens entrent en contact les uns avec les autres. Cette perception s'effectue souvent de manière inconsciente. Exercez vos facultés perceptives et, en restant observateur, écoutez et regardez ce qu'il se passe :

- Profitez des périodes d'attente à l'aéroport, à la gare, chez le médecin, à la banque ou à la caisse du supermarché.
- Observez différents contextes, par exemple lors des réunions de famille, des manifestations sportives ou des pauses entre les cours de formation.
- Comparez les discussions entre deux personnes avec les discussions de groupe, par exemple lors de la pause-café pendant un séminaire.

Observez l'un après l'autre les différents niveaux de communication – langage et langage du corps : ce qui est à chacun des niveaux similaire ou différent, adapté ou non, par exemple les gestes, les mimiques, l'attitude, les regards, ainsi que les expressions de langage, la longueur des phrases, l'intonation, etc.

Fin de l'exercice

Vous serez peut-être étonné de la manière dont les gens s'accordent au niveau du langage du corps et de ce fait construisent un bon rapport. Les gestes sont souvent les mêmes dans la queue devant un guichet. Dans les réunions, on porte souvent le verre à ses lèvres en même temps, tandis que les fumeurs tirent sur leur cigarette de manière synchronisée.

Le *pacing*, qui est l'adaptation d'une personne à son interlocuteur dans la manière dont elle communique avec lui, nous accompagne partout. Il se produit partout où des personnes se réunissent et entrent en contact à partir de ce qu'elles ont en commun.

Le tableau ci-dessous vous offre un aperçu des nombreuses possibilités qui existent au micro-niveau (caractéristiques ponctuelles du moment) et au macro-niveau (caractéristiques stables qui sont toujours les mêmes).

Caractéristiques ponctuelles	Caractéristiques stables
Attitude corporelle	Style de vie
Mouvements	Habitudes
Mimiques et gestuelle	Centres d'intérêt et hobbys
Respiration	Langage
Orientation du regard	Valeurs personnelles
Vêtements	Opinions
Sujets de discussion	Identité personnelle et rôles

Exercice : Le *pacing* actif augmente votre flexibilité • 10 min

Vous pouvez tout à fait consciemment employer le *pacing* afin que les différences qui vous séparent se transforment en points communs créant le contact. Le *pacing* est très utile dans les situations suivantes :

- Quand le contact avec l'interlocuteur est subitement interrompu.
- Quand des difficultés surviennent lors de la prise (inconsciente) de contact.
- Quand vous souhaitez approfondir le contact.

Entraînez votre flexibilité et élargissez vos facultés de communication en copiant consciemment, dans les conversations quotidiennes, un ou plusieurs éléments de votre interlocuteur.

- Vous êtes assis ou debout de la même façon, les bras et les jambes adoptent la même posture.
- Vous vous adaptez à la respiration de l'autre personne en faisant de petites pauses simultanées.
- Votre tête est inclinée dans le même sens.
- Vous bougez au même rythme et dans la même direction.
- Vous employez les mêmes mots clés et vous vous adaptez au style de langage.
- Vous discutez d'un sujet commun.
- Vous employez le même canal sensoriel spécifique.

Conseil

Vous aurez peut-être du mal au début de l'exercice à percevoir consciemment un aspect de votre interlocuteur et à l'intégrer à votre propre comportement. Exercez-vous chaque fois que vous en aurez l'opportunité. Vous intégrerez progressivement les stratégies de contact conscientes dans votre façon d'agir inconsciente et vous pourrez puiser dans le répertoire complet.

> Mais attention : il ne s'agit pas de singer des comportements. Votre attitude serait alors irrespectueuse et ne contribuerait pas à établir un contact positif.

Vous pouvez améliorer le niveau relationnel de manière ciblée en intégrant activement d'autres points communs qui sont moins visibles tels que des valeurs, des identités ou des rôles similaires. Quand quelqu'un utilise des tournures comme « nous, les femmes », « nous, les pères », « nous, les pompiers » ou « nous, les golfeurs », il permet d'établir des points communs. Les marques et les produits commerciaux peuvent également remplir cette fonction : les marques de voitures par exemple peuvent créer un pont au niveau de l'identité (conducteurs de Mercedes ou de Renault).

Lorsqu'on a recours au *pacing* ou effet miroir, il ne s'agit pas de nier ses propres valeurs et qualités personnelles ou de les faire passer au second plan, mais davantage de trouver une base commune. Ne vous demandez pas : « Qu'est-ce qui nous sépare et qu'est-ce qui me distingue de l'autre ? », mais plutôt : « Qu'est-ce que nous avons en commun et qu'est-ce qui nous lie ? »

Exercice : Rompre le rapport • 10 min

Rompez consciemment le rapport afin de reconnaître l'importance qu'il a. Choisissez un partenaire et asseyez-vous en face de lui en restant détendu. Faites-le parler de ses vacances ou d'une expérience quotidienne. Peu après le début de la conversation, adoptez progressivement une attitude qui donne l'impression que vous ne vous intéressez plus au propos. C'est ainsi que vous interromprez le contact avec votre interlocuteur. Rompez le rapport progressivement :

- Interrompez de plus en plus souvent le contact visuel.
- Modifiez votre position et adoptez une posture nettement différente de celle de votre interlocuteur.
- Laissez vagabonder vos pensées et n'écoutez plus ce qui est dit.
- Abstenez-vous de faire des gestes confirmant que vous

avez compris ce qui a été exprimé : n'opinez plus de la tête et cessez de dire « oui » ou « bien ».

- Ne réagissez pas à une question ou à une demande.
- Montrez avec votre gestuelle et vos mimiques que vous voulez interrompre le contact, par exemple en bâillant ou en regardant par la fenêtre. Ne souriez pas.

> Expliquez à votre partenaire le sens de l'exercice, mais ne lui dites pas ce que vous allez faire.

Fin de l'exercice

Évaluez l'exercice ensemble. Dans le cas d'une rupture de rapport aussi nette, il devient généralement impossible de poursuivre la conversation. Celui qui parle perd le fil. Il est fragilisé et met fin à la conversation.

Demandez à votre partenaire quelles sont vos attitudes qui lui ont fait perdre le fil. Que s'est-il passé concrètement ? Dans quelle mesure a-t-il pu se concentrer sur ses propos ? Comment évalue-t-il la relation et le contact pendant la discussion ? Comment s'est-il senti ? Pendant l'exercice, il a certainement tenté de rétablir le contact.

Au niveau du langage :

- En modifiant sa voix, son rythme de parole. Sa voix s'est peut-être faite plus forte et il a parlé plus lentement.
- En utilisant des allocutions comme : « Écoute » ou « Regarde ».

Au niveau du langage du corps :

- Votre partenaire a tenté d'adapter sa posture physique à la vôtre.
- Il a recherché le contact visuel ou bien il a regardé dans la même direction que vous.
- Il a sans doute voulu attirer votre attention par des gestes plus nombreux ou différents.

Du *pacing* au *leading*

Exercice : Enchaîner le *pacing* et le *leading* • 15 min

Une fois que vous avez établi le contact avec votre interlocuteur grâce au *pacing*, vous pouvez, en ayant recours au *leading* (la conduite), varier sensiblement votre comportement et guider votre interlocuteur.

Faites un exercice à partir de l'exemple suivant : vous voulez faire le point avec un collaborateur un peu timide.

1. Votre interlocuteur s'assoit sur le bord de la chaise en croisant les jambes. Il joue un peu avec son crayon. Comment procédez-vous au *pacing* ?
2. Au début, votre interlocuteur parle en utilisant le canal visuel. Il regarde son bloc-notes, évite les échanges de regard et dessine un diagramme. Comment procédez-vous au *pacing* ?
3. Si vous avez construit un bon rapport, passez du *pacing* au *leading* en changeant progressivement votre comportement. Que pouvez-vous faire dans cette situation ?

Fin de l'exercice

(**1**) Vous vous asseyez de la même façon sur la chaise et vous tenez également un crayon.
(**2**) Vous utilisez le langage visuel : « Regardez ça… » ou « Je vois les choses de la même façon ». Vous regardez le bloc-notes ensemble.
(**3**) Vous passez au *leading* en vous asseyant complètement sur la chaise et en posant les deux pieds sur le sol. Puis vous posez le crayon sur la table et vous consacrez une plus grande attention à la discussion (en regardant moins souvent le bloc-notes). Effet : votre interlocuteur s'assoit de la même façon sur la chaise, modifie la position de ses jambes et vous regarde.

Conseil

Employez le *pacing* et le *leading* de manière ciblée dans votre prochaine discussion. Commencez par de petites conversations quotidiennes :

- Procédez au *pacing* avec votre interlocuteur au niveau du langage et du langage du corps.
- Quand vous êtes entré en contact, procédez au *leading* en modifiant progressivement votre comportement.
- Voyez comment votre interlocuteur se comporte. Contrôlez la qualité du contact et l'aptitude de votre interlocuteur à se laisser conduire. Si la résonance est positive, cela signifie que votre rapport était bon et que vous avez pu conduire votre partenaire vers un objectif de discussion commun. Si votre *leading* n'est pas satisfaisant, établissez de nouveau le contact.

Changer de perspective

Exercice : Explorer des univers différents • 30 min

Changez de perspective en explorant l'univers d'autres personnes afin d'avoir un nouvel aperçu de leur manière de penser. Inspirez-vous de ce qu'on appelle leurs cartes mentales.

Achetez des revues que vous n'achèteriez pas en temps normal, des magazines qui sont conçus pour des consommateurs qui n'ont pas grand-chose en commun avec vous. Ne vous contentez pas de les feuilleter, mais lisez les articles et regardez bien les photos. Quels thèmes, valeurs et univers sont abordés dans ces revues ?

Exemple

- Maison, jardin et animaux (par exemple, les revues *Mon Jardin et ma maison, Animaux Magazine*).
- Enfants et jeunes (par exemple, *Le Petit Quotidien, Le Monde des ados*).
- Informatique et technique (par exemple, *L'Informaticien*).
- Cinéma et musique (par exemple, *L'Art du cinéma, Jazz Magazine*).
- Presse à sensation (par exemple, *Paris Match*).
- Sport et hobby (par exemple, *Golf Magazine, Burda Couture facile*).
- Hommes et femmes (par exemple, *Dandy* et *Elle*).

Fin de l'exercice

Cela vous a-t-il plus de vous plonger dans des univers différents ou bien cela vous a-t-il pesé et n'a fait que confirmer vos jugements ? Ce que nous attribuons à autrui selon notre propre point de vue ne relève que de jugements subjectifs qui n'ont rien à voir avec une vérité immuable et supérieure.

> Les préjugés sont des jugements non réfléchis qui ne me permettent pas de prendre conscience du cadre de référence. Les jugements et les évaluations sont liés à la personne qui communique son jugement.

Fréquemment, on n'évalue pas toutes les informations mais seulement une partie d'entre elles. On dit par exemple que les pêcheurs à la ligne « tuent les animaux » alors que beaucoup d'entre eux ne pensent qu'au plaisir qu'ils ont à profiter de la nature.

Conseil

- Acceptez les différences. Vous vous distinguez vous-même des autres et vous vous entendez quelquefois qualifié de « maniaque » parce que vous passez du temps à bricoler votre chemin de fer miniature.
- Observez et pensez à distinguer vos observations et vos perceptions sensorielles prioritaires de vos évaluations personnelles : « je vois, j'entends… », « Cela me plaît parce que je… », « Cela ne me plaît pas parce que je… ».
- Prenez conscience du fait que votre évaluation de la situation est liée à votre système de valeurs.

Exercice : Vos conseillers personnels • 30 min

Nous sommes sans cesse prisonniers de nos pensées et de nos jugements. Dans ce cas, un regard extérieur (la troisième position perceptuelle) peut communiquer des informations importantes, notamment dans les situations nécessitant une prise de décision. L'observateur considère la situation avec objectivité, sans sentiment et sans être impliqué, et donne son point de vue. Exercez-vous dans un endroit calme et veillez à ne pas être dérangé.

- Pensez à une situation personnelle conflictuelle ou nécessitant une prise de décision.
- Pensez à une personne qui pourrait vous conseiller astucieusement ou vous apporter un nouveau point de vue. Il peut s'agir d'un ami, d'un frère ou d'une sœur, d'un parent, de votre acteur préféré, d'un extraterrestre ou de votre « je » provenant du futur (par exemple à un moment où le problème est résolu depuis longtemps), d'un sage ou d'un personnage de roman. Nommez vos conseillers personnels (trois à cinq personnes) et notez leurs noms, chacun sur une feuille de papier. Notez aussi votre nom.
- Disposez les feuilles en cercle sur le sol autour de la feuille sur laquelle figure votre nom. Adoptez l'un après l'autre le point de vue de chaque personne (en vous mettant sur la feuille de papier correspondante). Quelle opinion, information et quel conseil vous donne-t-il ou vous donne-t-elle ?

Vous pouvez disposer les feuilles de cette manière :

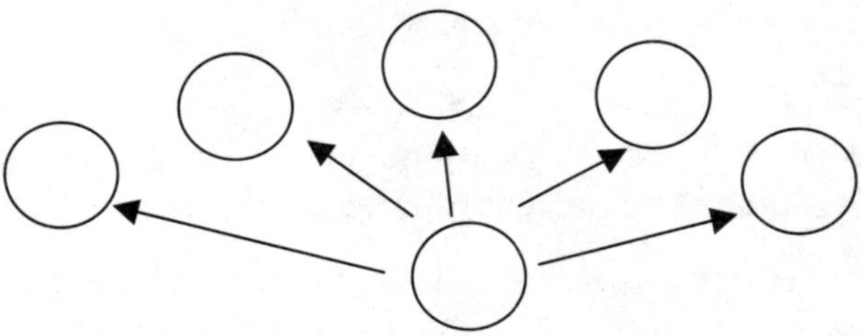

Fin de l'exercice

Le regard extérieur est très important pour prendre une décision car nous sommes souvent prisonniers des émotions et des sentiments qui débouchent sur un conflit. Le libre regard de l'observateur, qui a le recul nécessaire, prend en considération les faits perceptibles. Vos conseillers vous apportent d'autres points de vue, ils ont une nouvelle évaluation de la situation et élargissent votre champ de vision.

> Le « je » du futur offre en outre l'avantage d'avoir une connaissance de la solution qu'il peut apporter.

Conseil

Conservez vos conseillers personnels : vous pourrez les consulter à tout moment et discrètement dans les situations difficiles ou confuses.

Exercice : Expérimenter d'autres points de vue • 20 min

Installez-vous dans un endroit calme et arrangez-vous pour ne pas être dérangé. Choisissez une situation personnelle :

- qui vous expose à des divergences d'opinion ou à un conflit avec une autre personne,
- dans laquelle vous avez envie d'investir le modèle de pensée d'une autre personne,
- dans laquelle vous avez un accès difficile aux arguments, aux besoins et aux attentes d'une autre personne.
- Dans cet exercice, utilisez les différents rôles et positions perceptuelles (voir chapitre 2, page 52). Faites en sorte de percevoir le canal sensoriel prioritaire des différents points de vue.

Faites l'exercice en respectant les étapes suivantes :
(**1**) Préparez trois feuilles de papier sur laquelle vous inscrivez les chiffres 1, 2 et 3 ou les différents noms (vous-même, la personne impliquée, un observateur).

(**2**) Posez sur le sol les feuilles de papier indiquant les différentes positions :

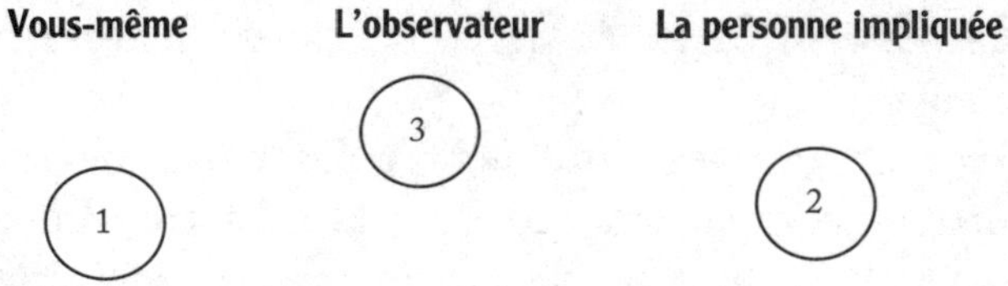

(**3**) Choisissez une situation de conflit ou de confusion.

(**4**) Adoptez d'abord la première position en vous plaçant sur la feuille de papier correspondante posée au sol. Dans la position associée du « je », expérimentez la communication avec l'autre personne : concentrez-vous sur ce qu'elle dit et sur la manière dont elle se comporte. Réfléchissez à ce que vous entendez et voyez, et prenez conscience des sentiments que cela déclenche chez vous. Vous voyez l'autre personne avec vos yeux et entendez ce qui est dit (par vous et par l'autre personne). Remémorez-vous tous les détails de la situation. Prenez conscience de votre comportement concret. Formulez vos arguments et exprimez-les à haute voix. Au bout de trois à cinq minutes, quittez la place.

(**5**) Adoptez maintenant la deuxième position. Faites comme si vous étiez l'autre personne (position associée). Imprégnez-vous bien du comportement, de la manière de faire et de penser de l'autre personne. Observez la situation et la personne 1 en vous mettant dans la peau de l'autre personne. Parlez en utilisant le « je ». Argumentez à voix haute, soyez réceptifs aux sentiments et décrivez comment il ou elle vit la situation ainsi que les comportements qui sont observés et évalués depuis la personne 2. Au bout de trois à cinq minutes, quittez la place.

(**6**) Placez-vous sur la troisième feuille de papier. Adoptez un regard extérieur, prenez du recul et écoutez avec attention ce qui a été dit et fait en position 1 et 2. Attention : dans la position dissociée de l'observateur, il n'y a pas de sentiments.
Observez et décrivez l'interaction des personnes 1 et 2. Comment se comportent-elles l'une avec l'autre ? Les points communs et les ébauches de solution sont-ils identifiables ? Au bout de trois à cinq minutes, quittez la place.

(**7**) Revenez dans la position 1. Avec ce que vous avez vécu dans la position 2 (nouvelles informations, pensées et sentiments) et le point de vue critique de l'observateur neutre sur la relation entre les personnes 1 et 2, vous avez accès à de nouveaux points de vue.

(**8**) Si vous n'êtes pas satisfait des résultats obtenus, faites un deuxième puis un troisième tour.

Conseil

Soyez très attentifs aux différents points de vue (associé et dissocié, voir page 51). Quand vous quittez la place après avoir investi une position, faites ce qu'on appelle un état séparateur. Cela signifie que vous interrompez le flux des pensées en :

- pensant à autre chose,
- en regardant l'heure ou en jetant un œil par la fenêtre,
- en marchant dans la pièce.

Fin de l'exercice

Se distancier de sa propre personne, expérimenter concrètement les sentiments d'une autre personne et regarder les autres et nous-mêmes d'un point de vue extérieur, libéré de toute émotion, est une expérience inhabituelle qui nécessite un tant soit peu d'entraînement.

Si cela vous paraît difficile, vous pouvez faire cet exercice avec un partenaire. Il pourra certainement vous guider clairement et précisément au travers des différentes positions et veiller aux différentes positions perceptuelles, comme l'association et la dissociation (page 51).

Le passage à la position 2 – par exemple celle de la personne avec laquelle vous êtes en conflit –, peut être facilité si vous employez le modèle des niveaux logiques de Robert Dilts (voir première partie, page 130).

Posez des questions en rapport avec le sujet :

- Environnement : où se trouve cette personne ?
- Comportement : que fait-elle ? Comment se comporte-t-elle ?
- Aptitudes : que peut cette personne ? Comment s'y prend-elle ?
- Valeurs : qu'est-ce qui compte pour elle ? Qu'est-ce qui la motive ?
- Identité : qui est cette personne ?

8

Bien formuler ses objectifs et les atteindre

Dans la pratique

Si vous faites le point sur la manière dont vous pouvez transformer des désirs et des attentes (les vôtres ou ceux des autres) en objectifs que vous influencez, vous avez déjà fait une bonne partie du chemin qui vous mènera au succès personnel. Des objectifs bien formulés dans le sens de la PNL (objectifs atteignables et formulés selon certains critères, voir chapitre 3, page 63) paraissent souvent clairs et simples dans le cadre de l'entraînement. Mais, dans le quotidien, se glissent des erreurs, tandis que certains fonctionnements individuels inconscients sont contre-productifs.

Entraînez-vous à la bonne formulation des objectifs, regardez une seconde fois vos propositions et reformulez vos objectifs de manière à ce qu'ils débouchent sur un plan d'action concret.

Dans ce chapitre, vous aurez la possibilité de développer progressivement et dans le détail un objectif personnel choisi par vous. Vous déciderez du point de départ, vous mettrez en lumière les éventuels obstacles et conséquences sur votre environnement et vos proches. Une stratégie qui vous est personnellement adaptée et des missions clairement définies vous permettront d'atteindre votre objectif et d'être motivé par des actions concrètes et successives : servez-vous de ce qui vous met de bonne humeur et de ce qui vous motive. Installez des succès et des forces qui vous serviront de ressources à l'avenir.

Jdentifier les erreurs dans la formulation des objectifs

Exercice : Transformer les problèmes en objectifs • 15 min

Nous sommes nombreux à pouvoir décrire facilement ce que nous ne voulons pas et ce qui nous pèse. Nous pensons en terme de problèmes et trouvons rapidement… un coupable. Mentalement, nous nous situons dans le passé et nous pouvons donner de bonnes raisons à la non conquête des objectifs et au fait que les problèmes subsistent. Dans l'exercice suivant, vous apprendrez à ne plus focaliser sur les problèmes et à ne pas chercher le coupable, mais à aspirer à la solution dans le futur et à vous recentrer autour de votre propre action. Formulez les problèmes suivants en objectifs atteignables à l'avenir.

1. Je n'ai jamais eu assez de temps à consacrer à mes amis.
2. J'ai beaucoup de mal à faire mes exercices de sport et à m'entraîner quotidiennement.
3. Cela fait longtemps que j'aimerais m'inscrire au cours de comptabilité, mais les horaires proposés par le centre de formation ne me conviennent pas du tout.

Exemple

Au lieu de : « Mon agenda mal rempli et désorganisé posera beaucoup de problèmes à notre nouveau projet », dites plutôt : « Avec le démarrage de ce nouveau projet, je vais passer 15 minutes par jour à écrire mes rendez-vous personnels et professionnels sur mon agenda. »

Fin de l'exercice

(**1**) À l'avenir, je vais me consacrer davantage à mes amis et les voir une fois par mois.
(**2**) Les exercices de sport sont très importants pour mon bien-être. Je m'entraîne tous les jours et prévois du temps pour cela.
(**3**) Dans les trois prochains mois, je chercherai un cours de comptabilité dans d'autres centres de formation qui pourront me proposer des horaires adaptés.

Conseil

Décrivez dans les domaines suivants un problème qui se pose à vous et que vous aimeriez bien résoudre : vie professionnelle, formation continue, vie privée, vie sociale, loisirs, santé.

Dans le cadre de la formulation des objectifs personnels et motivants, concentrez-vous sur le résultat dans l'avenir, les objectifs à conquérir et les solutions à trouver. Ne perdez pas votre temps et votre énergie à chercher un coupable ou des obstacles. Remplacez la phrase : « Je le ferais s'il n'y avait pas cela » par la réponse à la question : « Que puis-je faire, quelle autre possibilité y a-t-il ? » Trouvez des options d'actions personnelles vous permettant d'atteindre l'objectif.

Exercice : Reformuler des souhaits et des attentes • 15 min

Le fait que je participe au travers de mon comportement personnel à la conquête des objectifs est la condition *sine qua non* à la conquête d'objectifs bien formulés.

L'exercice suivant vous apprendra, à partir de vos attentes envers les autres ou de vos souhaits, à formuler des actions bien concrètes, modulables en fonction de votre investissement personnel. Que pouvez-vous faire pour que vos objectifs deviennent des objectifs concrets ?

Formulez vos souhaits avec des phrases concrètes indiquant l'objectif à atteindre :

1. J'aimerais bien que mon patron me donne une augmentation.
2. J'aimerais bien faire plus de pauses pendant les réunions.
3. J'aimerais bien que mes collègues ne fument pas autant dans la salle.
4. J'aimerais que mes enfants prennent plus en considération mon besoin de calme.
5. J'aimerais bien que mon supérieur hiérarchique soit satisfait de mon travail.
6. J'aimerais que mes collaborateurs n'arrivent pas trop tard au bureau.
7. J'espère que ma collègue me donnera plus d'informations.
8. Nos réunions doivent être mieux organisées.

Fin de l'exercice

(**1**) Je prévois de prendre rendez-vous ce mois-ci avec mon patron pour discuter de mon salaire.

(**2**) Je discute de la question des pauses avec le directeur et propose que l'on en instaure une au bout de 90 minutes de réunion.
(**3**) Je discute avec mes collègues de l'interdiction de fumer dans les espaces publics.
(**4**) J'explique à mes enfants que j'ai besoin le soir en rentrant de 30 minutes de calme et que je leur lirai ensuite l'histoire du soir.
(**5**) Je demande à mon supérieur hiérarchique de me dire ce qu'il pense de mon travail.
(**6**) Je dis à mes collaborateurs que les horaires doivent être respectés. Quand ils sont en retard, je leur demande de m'appeler.
(**7**) Je discute sérieusement avec ma collègue des informations qu'elle doit me donner soit par oral, soit par écrit. Nous prévoyons également des réunions.
(**8**) En tant qu'organisateur des réunions, je convie les participants suffisamment tôt en leur envoyant l'ordre du jour et en leur indiquant ce qu'ils doivent préparer. Lors de la prochaine réunion, je mettrai à l'ordre du jour la manière dont doivent se dérouler les réunions, leur préparation et les comptes rendus.

Exercice : Reconnaître les mauvaises formulations • 15 min

Il est fréquent de commettre des erreurs dans la formulation des objectifs. Cela explique que ceux-ci ne puissent être atteints ou réalisés.

> Plus vous remplissez de critères dans la formulation de vos objectifs personnels, plus vous augmentez la probabilité d'atteindre vos objectifs.

Dans le tableau suivant, les objectifs sont mal formulés. Notez dans la colonne de droite, la raison pour laquelle, ils ne conviennent pas aux règles de la PNL :

- N, quand l'objectif est formulé de manière négative.
- P, quand les objectifs sont au conditionnel, à la forme passive ou bien formulés dans le passé.
- C, quand des comparaisons sont utilisées.
- M, quand les objectifs ne sont pas mesurables.

Certaines formulations contiennent quelquefois plusieurs erreurs que vous devez identifier et noter.

(1) Je vais m'inscrire prochainement à un cours d'anglais.	
(2) Mes résultats devraient bientôt être meilleurs.	
(3) J'essaye de faire moins de fautes à l'écrit.	
(4) J'aimerais ne pas toujours tout décider seul dans le cadre de mon équipe.	
(5) Je vais planifier mes vacances plus tôt cette année.	
(6) Je vais bientôt terminer mon rapport.	
(7) Je n'irai plus en réunion sans m'être préparé avant.	
(8) Je n'accepterai plus de nouveaux contrats.	
(9) Je boirai moins d'alcool à l'avenir.	
(10) Si j'avais plus de temps, j'apprendrais une autre langue étrangère.	
(11) Je ne devrais pas manger autant de sucreries.	
(12) Je ne voudrais pas avoir d'aussi mauvais résultats que ma collègue.	
(13) Je ne fumerai plus.	
(14) Quand je rencontrerai de nouveau ma collègue à la cantine, je lui ferai part de mes critiques.	
(15) Je voudrais ne plus jamais partir du bureau sans avoir planifié les jours qui viennent.	
(16) Je me préparerai mieux et m'entraînerai davantage pour le prochain marathon.	

(17) Désormais, je prendrai plus souvent rendez-vous chez le médecin.	
(18) J'aimerais bien ne pas manger autant de viande.	
(19) Je ne serai plus nerveux lors de la présentation d'un exposé.	
(20) Lors de mes entretiens d'évaluation, je préparerai beaucoup de question.	
(21) Les résultats de mes analyses sanguines pourraient être meilleurs.	
(22) Je ne ferai plus d'heures supplémentaires.	
(23) Quand je n'ai pas compris une situation, je ne devrais pas attendre aussi longtemps pour poser mes questions.	
(24) Je préparerai mieux mon exposé pour ne pas bégayer.	

Fin de l'exercice

1 : M	7 : N	13 : N	19 : N
2 : P, M	8 : N	14 : M	20 : M
3 : N, M	9 : M, C	15 : N, P	21 : P, C
4: N	10 : M, P, C	16 : C	22 : N
5 : C	11 : N, M, C	17 : M	23 : P, M, N
6 : M	12 : N, P	18 : N, M, C	24 : N, C

Conseil

Vous pouvez modifier les formulations d'objectifs erronées :

- en vous demandant dans le cas de formulations négatives : « Si je ne veux pas cela, qu'est-ce que je veux ? » Exemple 19 : « Je serai calme et détendu lors de la présentation d'un exposé. »
- en employant des verbes d'action au lieu du conditionnel. Au lieu de : « Je pourrais », dites : « Je fais, j'agis ». Exemple 10 : « J'apprends une langue étrangère.
- en citant le cadre de référence pour les comparaisons : en

comparaison avec qui ou quoi dans la mesure où vous citez quelque chose de concret. Exemple 5 : « L'année dernière, j'ai planifié mes vacances en mars et cette année je vais le faire plus tôt, dès janvier. »

- en donnant des unités de mesure ou des dates quand l'information manque de précision. Exemple 3 : « Je ferai au maximum trois fautes en dictée ». Exemple 17 : « Cette année, je prendrai rendez-vous chez le médecin une fois par trimestre. »

Formuler des objectifs concrets

Exercice : Expérimenter les objectifs avec tous les sens • 10 min

Les objectifs que nous voulons atteindre dans l'avenir seront plus attractifs si nous nous les représentons concrètement, c'est-à-dire si nous percevons avec les cinq sens l'état dans lequel nous serons une fois que l'objectif sera atteint. Entraînez-vous à voir vos formulations avec votre regard intérieur en percevant les bruits, les sensations, les sentiments, les goûts et les odeurs. Choisissez un objectif personnel et explorez-le à fond avec tous vos sens. Faites comme si vous aviez déjà atteint l'objectif. Demandez-vous :

- Qu'est-ce que je perçois une fois l'objectif atteint ?
- À quoi vais-je remarquer que je l'ai atteint ?
- Que vois-je (images, formes, couleurs, actions) ?
- Qu'est-ce que j'entends exactement (par exemple, ce que je dis et ce que les autres disent) ?
- Que puis-je sentir (émotions, sensations physiques) ?
- Quels sont les goûts et les odeurs que je perçois ?

Puis écrivez votre objectif sur une feuille de papier ou bien exprimez-le à voix haute. Veillez à ce qu'il soit correctement formulé.

Conseil

Dans le cadre de vos formulations, concentrez-vous toujours sur les cinq perceptions sensorielles.
Demandez-vous : « À quoi je remarque concrètement au niveau sensoriel que j'ai atteint mon objectif ? »
Les objectifs formulés moins concrètement comme : « Je veux être satisfait » sont moins précis et moins clairs parce que votre cerveau ne sait pas ce qu'il doit chercher. Demandez-vous plutôt : « Quand je suis satisfait, qu'est-ce que je vois, j'entends, je sens et, le cas échéant, je goûte ? »

Exercice : Formuler positivement les objectifs • 10 min

Les formulations négatives insistent sur ce que nous ne voulons pas. Elles ne suggèrent pas ce que nous voulons et ce à quoi nous aspirons à l'avenir. Transformez en phrases positives les six formulations d'objectifs négatives suivantes.

1. Je ne réagirai plus de manière aussi émotive.
2. Je ne veux plus manger autant de sucreries et être aussi gourmand.
3. Je ne ferai plus d'heures supplémentaires.
4. Je ne peux pas mener deux projets de front. Je ne prendrai donc pas de nouveau projet.
5. Je n'accepterai plus de réunion sans être préparé.
6. Je ne mangerai plus de manière aussi irrégulière.

Conseil

Les formulations négatives ne proposent pas de solution, mais mettent au premier plan les problèmes et les obstacles. C'est le cas dans la phrase 1 avec l'émotivité et dans la phrase 2 avec la dépendance. En reformulant ces phrases de manière positive, demandez-vous : « Si ce comportement ne me convient plus, de quoi ai-je envie à la place ? » et « De quoi ai-je besoin pour avoir de nouvelles possibilités d'action ? »

Fin de l'exercice

(**1**) Je vais prendre conscience de mon émotivité et rester calme et détendu.
(**2**) Je vais contrôler ma gourmandise et je m'accorderai une petite sucrerie par jour.
(**3**) Je quitterai le bureau à l'heure normale.
(**4**) Je peux sans problème mener un projet à son terme. Pour cette raison, je terminerai un projet avant d'en accepter un nouveau.
(**5**) J'irai à la réunion après m'être bien préparé et avoir mis les données importantes par écrit afin de m'en souvenir.
(**6**) Je vais boire et manger régulièrement dans la mesure où je prévois de faire un repas trois fois par jour.

Conseil

Les négations comme *ne pas*, *jamais* ou *rien* sont facilement identifiables comme des formulations à bannir. Dans la pratique, les formulations négatives reviennent souvent par la petite porte. Les mots tels que *empêcher*, *s'efforcer*, *essayer*, *éviter* et *minimiser* ont un effet comparable aux négations. Relisez attentivement les formulations de vos objectifs pour être sûr que vous décrivez bien ce à quoi vous aspirez concrètement et positivement.

Exercice : Reformuler les comparaisons • 10 min

Les comparaisons (plus, meilleur que, comme) ne sont pas adaptées à la formulation des objectifs, car il manque à notre cerveau le cadre de référence (mieux que quoi ?) ou l'information précise (plus que quoi ?). Ces formulations d'objectifs sont trop imprécises pour être traitées mentalement convenablement. Pour avoir une idée concrète de ce que doit être « plus », ou « moins », vous devez avoir une connaissance précise de l'état présent et une représentation concrète de ce à quoi doit ressembler le comportement modifié.
Pour traiter les exemples suivants qui contiennent une comparaison, partez par exemple de l'état actuel, puis formulez les nouveaux objectifs. Exemple : Je veux boire moins de café à l'avenir. Formulation plus adaptée : Actuellement, je bois en moyenne cinq à six tasses de café par jour. À l'avenir, j'en boirai un maximum de trois tasses.

1. Au troisième trimestre, je veux rencontrer plus de clients que l'année dernière.

2. Je veux consacrer plus de temps au sport.

3. Je me préparerai mieux au prochain examen.

4. Je veux mieux surveiller mes finances.

5. Je veux courir le marathon aussi rapidement que mon collègue.

Fin de l'exercice

(**1**) Pendant les deux premiers trimestres, j'ai rencontré 45 clients. Au troisième trimestre, j'en rencontrerai 10 % de plus, soit 50.
(**2**) Comme mon travail me prend beaucoup de temps, je fais peu de sport et je repousse sans arrêt mes entraînements. Je vais changer cela en participant trois fois par semaine à au moins une activité sportive et en m'y tenant.

(3) Je n'ai pas réussi mon dernier examen parce que je n'étais pas assez bien préparé. Je réviserai trois mois à l'avance en perspective du prochain examen. Je vais faire un planning précis avec les points à réviser et je contrôlerai à chaque fin de semaine ce que j'aurai pu passer en revue.
(4) Mes relevés bancaires, qui ne sont pas triés, sont entassés dans un carton et je passe un temps fou à les chercher. Je vais ranger tous les documents dans des classeurs et je classerai à l'avenir systématiquement tous les papiers que la banque m'enverra en temps et en heure.
(5) Mon collègue court le marathon en X heures. Je veux pouvoir arriver au même résultat en six mois. Je vais me préparer mentalement et prévoir toutes les semaines plusieurs séances d'entraînement que je noterai dans mon agenda.

Mettre au point une stratégie

Les six exercices suivants vous permettront de planifier et d'analyser de manière détaillée un objectif tout à fait personnel.

Exercice : Choisir un objectif personnel • 15 min

Choisissez un objectif qui vous convient bien et qui vous motive parmi les domaines suivants : vie professionnelle, formation continue, vie privée, vie sociale, loisirs, santé.

Mon objectif est :

____

____

____

____

____

Formulez votre objectif progressivement en ajoutant tous les détails nécessaires. Aidez-vous des neuf règles pour bien formuler vos objectifs et la liste des questions pour contrôler la formulation de vos objectifs. Faites ces exercices par écrit. Cela vous permettra de bien en voir tous les aspects, de garder les détails en mémoire et de pouvoir vous y référer ultérieurement.

Exemple

Voici un exemple :
Votre objectif est : Je ne veux pas être malade.

La bonne formulation de l'objectif est la suivante : « Je veux rester en bonne santé. Il est donc important que je fasse le point sur mes habitudes alimentaires et que je les modifie. Pour cela, je ferai appel à l'aide d'un nutritionniste. Parallèlement, je vais me remettre au sport en allant deux fois par semaine à la piscine et en faisant 15 minutes de gymnastique par jour. Je vais commencer le 1er du mois prochain et je prévois une phase d'adaptation de trois mois. Dans trois mois, je verrai exactement où j'en suis, ce que j'aurai pu acquérir et les progrès qu'il me reste à faire.

En atteignant mon objectif, je remarquerai que je dors mieux, que je garde la ligne ou que je maigris et que je me tiens à mon programme hebdomadaire/quotidien parce que je me sens en bonne forme. »

Conseil

Pendant la formulation de l'objectif surgissent quelquefois des objectifs imprécis (comme la modification des habitudes alimentaires dans l'exemple précédent). Vous pouvez formuler des sous-objectifs ou bien y revenir ultérieurement.

Exercice : Mesurer les conséquences • 10 min

Un nouvel objectif et les modifications de comportement qui y sont liées ont d'abord des répercussions sur le domaine directement concerné par l'objectif. En outre, ils ont des effets négatifs et positifs sur les autres domaines de la vie (par exemple : de nouveaux objectifs professionnels se répercutent sur la vie privée et sociale et nécessitent de faire une formation). Mesurez bien toutes les conséquences et vous aurez des indications sur la conquête de l'objectif.

Faites ce qu'on appelle une analyse écologique (page 68) et contrôlez l'objectif que vous avez formulé dans l'exercice précédent en ayant recours aux questions suivantes :

- Quels seront les changements sur votre vie si vous atteignez votre objectif ?
- Quelles répercussions ces changements ont-ils sur les autres domaines ?
- Comment vos proches considèrent-ils ces changements ? Dans quelle mesure sont-ils concernés et gênés ? Comment les autres réagissent-ils à votre objectif ?
- Qu'est-ce qui va dans le sens de votre objectif ? Quels sont les avantages pour vous-même et les autres ?
- Quelles sont les objections ? Quels sont les inconvénients et le prix à payer pour vous-même et les autres ?

Exemple

Exemple d'objectif : « Je veux rester en bonne santé. Il est donc important que je fasse le point sur mes habitudes alimentaires et que je les modifie. »

Analyses écologiques

Quels seront les changements sur votre vie si vous atteignez votre objectif ?	Les petites gênes physiques quotidiennes disparaissent. Mes analyses sanguines sont normales et je ne prends plus de médicaments. Je fais plus de sport.
Quelles répercussions ces changements ont-ils sur les autres domaines ?	Je ne déjeune plus à la cantine et je ne rencontre plus les collègues des autres services.
Dans quelle mesure vos proches sont-ils concernés ou gênés ?	C'est mon conjoint qui fait les courses. Il doit changer ses habitudes de consommation et acheter d'autres aliments.
Qu'est-ce qui va dans le sens de votre objectif ?	Une meilleure santé, plus d'activité physique et, en tant que parent, je donne l'exemple d'un mode de vie plus équilibré.
Quelles sont les objections ?	Plus de temps pour faire les courses, des plats différents de ceux des autres membres de la famille. Du temps consacré au sport aux dépens de la vie de famille et des autres centres d'intérêt.

Exercice : Déterminer votre point de départ • 15 min

Afin de pouvoir observer les actions adaptées et les alternatives qui mènent à l'objectif, il est important de connaître le point de départ de votre voyage. L'étape suivante vous permettra d'analyser votre position de départ. Répondez par écrit aux questions suivantes :

- Comment est-ce que je me comporte aujourd'hui ? Qu'est-ce que je ne fais pas ?
- Quelles sont les facultés que j'emploie ? Quelles sont

celles que je n'emploie pas pleinement ?

- Qu'est-ce qui est important pour moi dans la situation actuelle ?
- Quelles sont les idées et les croyances qui m'incitent à agir ?

Conseil

Pour beaucoup d'entre nous, il est utile de se représenter très concrètement le point de départ. Utilisez, comme dans les exercices précédents, une feuille de papier que vous poserez sur le sol. Placez-vous dessus et répondez aux questions les unes après les autres.

Exemple

Exemple d'objectif : « Je veux rester en bonne santé. Il est donc important que je fasse le point sur mes habitudes alimentaires et que je les modifie. »

Ci-dessous, vous trouverez la réponse à deux questions choisies à titre d'exemple :
Comment est-ce que je me comporte aujourd'hui ? Qu'est-ce que je ne fais pas ?

- Je mange de la viande cinq fois par semaine et beaucoup de sucreries.
- Quatre soirs par semaine, je ne dîne pas avant 22 heures.
- Je ne connais pas les valeurs nutritives des aliments et je ne m'y intéresse pas.
- Je ne sais pas très bien comment je pourrais me nourrir autrement. Les magazines donnent des règles de comportement alimentaires à chaque fois différentes et je ne sais pas trop quoi en penser.

Qu'est-ce qui est important pour moi dans la situation actuelle ? Quelles sont les idées et les croyances qui m'incitent à agir ?

- Les repas en famille sont importants pour moi.
- Je ne veux pas donner plus de travail à mon conjoint au niveau de l'intendance. Je renonce donc à des envies particulières que j'ai.
- J'ai toujours en tête l'expression de ma grand-mère : « Qui travaille beaucoup doit manger beaucoup ! »
- Pour moi, le fait de manger et de boire (de l'alcool) me permet de compenser le stress que j'ai dans mon travail et fait office de récompense.

Exercice : Jdentifier les obstacles • 10 min

Vous avez bien tout planifié et mis par écrit les objectifs personnels concrets, mais vous avez du mal à passer à l'action selon l'expression : « L'esprit est prompt, mais la chair est faible. » Afin de pouvoir surmonter les obstacles, prenez le temps de les identifier. Répondez aux questions suivantes :

- L'objectif est-il formulé de manière vraiment intéressante pour vous ?
- L'objectif est-il réellement voulu par vous ou bien répondez-vous aux attentes des personnes de votre entourage ? (« Mon patron dit aussi... », « Les autres me donnent des indications sur ce que devrais faire... »)
- L'objectif est-il en contradiction avec un autre objectif plus important ?
- L'objectif correspond-il à votre système de valeurs personnel ?
- Avez-vous identifié les différentes étapes pour

atteindre l'objectif ? Ou bien ne savez-vous pas par où commencer ?

- Le délai pour réaliser l'objectif est-il bien choisi ? Vous convient-il également ?
- Vous laissez-vous influencer par les doutes ou les objections d'autres personnes ?

Solution

L'exemple précédent comporte trois obstacles clairement identifiables qui peuvent rendre difficile le changement de comportement :

- le manque de connaissances sur l'alimentation,
- les croyances (la grand-mère, la compensation par rapport au stress, la récompense),
- l'objectif ne peut pas être réalisé seul dans la mesure ou le conjoint et la famille sont des facteurs importants.

Vous voyez dans cet exemple que l'ébauche de solution résulte de l'analyse précise de l'état actuel et des obstacles. Les mesures suivantes sont donc nécessaires à la conquête de l'objectif :

- après les analyses médicales et le constat de l'état de santé actuel, identifier les nouveaux comportements et exigences,
- demander conseil à un nutritionniste avec le conjoint ou toute la famille,
- réfléchir à un nouveau système de récompense,
- réduire les facteurs de stress dans la vie professionnelle,
- comprendre différemment l'expression de la grand-mère, car « manger beaucoup » signifie également manger beaucoup de fruits et d'aliments bons pour la santé.

Exercice : Mettre au point une stratégie • 30 min

Procurez-vous une fiche cartonnée rouge, une fiche verte et plusieurs fiches jaunes. Arrangez-vous pour ne pas être dérangé et avoir de la place sur le sol. Placez la fiche rouge dans un endroit que vous aimez bien dans la pièce. Celle-ci correspond au point de départ. Placez la fiche verte sur le sol à une distance suffisante de la fiche rouge (environ deux ou trois mètres). Elle correspond à votre objectif, qui est le point d'arrivée. L'espace entre les deux cartes correspond aux différentes actions vous permettant d'atteindre l'objectif.

Première étape : Placez-vous sur la fiche rouge. Associez-vous à l'état présent : Que représente-t-il ? Qu'est-ce que je vois, j'entends et quels sont les sentiments que j'associe à la situation actuelle ? Décrivez votre comportement présent et formulez cette description au présent.

Deuxième étape : Placez-vous maintenant sur la fiche verte et associez-vous à l'objectif futur : Quelles images intérieures voyez-vous, quels bruits percevez-vous, comment ressentez-vous l'objectif ? Formulez également ces descriptions au présent et faites comme si vous aviez atteint l'objectif.

Troisième étape : Passez maintenant lentement à ce qui vous permettra de faire la liaison entre les deux fiches. Vous divisez mentalement le grand saut (entre aujourd'hui et le futur pensé) en petites actions. Pour chaque action, pensez aux alternatives possibles :
Comment sont les comportements concrets ? Que dois-je faire, dire, penser, réaliser pour m'approcher un peu de l'objectif ?

L'espace entre la fiche de départ et la fiche qui correspond à l'objectif ne doit pas forcément être une ligne droite. (Il peut s'agir d'une ligne brisée ou d'une vague, par exemple). L'espace entre les actions possibles sera certainement variable. Peu importe que vous parcouriez le chemin qui mène à l'objectif depuis le point de départ ou que vous le fassiez à l'envers depuis l'objectif jusqu'au point de départ. Choisissez celui qui vous paraît être le plus simple.

Écrivez une possibilité de comportement sur une fiche jaune et posez-la entre les deux autres cartes. Procédez de la même manière pour les autres actions. La plupart des fiches se suivent dans la mesure où je peux passer à une action une fois que la précédente a été réalisée. Certaines fiches peuvent être parallèles si les actions doivent avoir lieu en même temps.

Quatrième étape : Passez très concrètement aux différentes actions en vous plaçant sur les fiches jaunes. Réorganisez-les s'il vous paraît plus cohérent qu'elles s'enchaînent différemment. Vous pouvez diviser une action en plusieurs petites actions et donc plusieurs fiches si cela vous paraît nécessaire.

Conseil

Afin de pouvoir mettre au point un plan d'action à partir de cet exercice, numérotez les fiches et faites une photo de l'ensemble. Voilà ce à quoi votre photo pourrait ressembler :

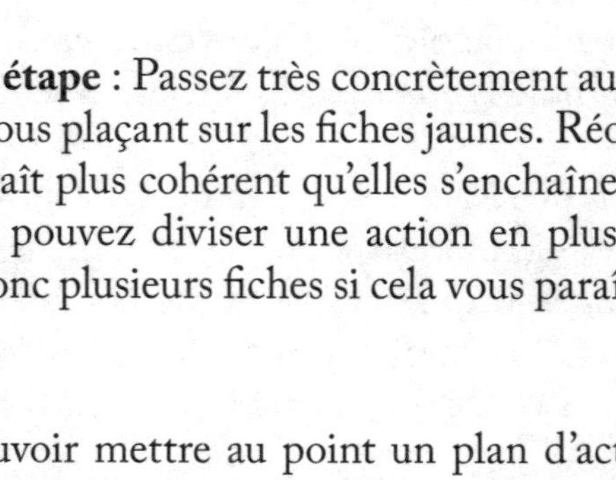

Solution

Aujourd'hui
J'ai cinq kilos en trop, je prends trois cachets par jour, je bois un demi-litre de vin par jour, je fume 15 cigarettes par jour et je mange de la viande six fois par semaine.

1
Chercher un nutritionniste et prendre rendez-vous.

2
Prendre rendez-vous avec mon médecin.

3
Me renseigner sur les horaires d'ouverture de la piscine et prévoir des séances dans mon agenda.

4
Discuter avec mon conjoint.

En 3 mois
J'ai un poids normal, je ne prends pas de cachets, je bois un verre de vin chaque soir, je fume 5 cigarettes par jour. Je mange de la viande deux fois par semaine et du poisson deux fois par semaine.

Exercice : Mettre au point un plan d'action • 15 mn

Vous avez besoin des fiches et de la photo utilisées lors du précédent exercice. Notez les possibilités d'action dans un plan d'action. Vérifiez bien l'enchaînement des différentes actions et placez-les autrement si, après réflexion, certaines d'entre elles doivent en précéder d'autres ou bien leur succéder. Indiquez des dates en face de chaque action. Voyez si :

- le délai vous paraît réaliste,
- le comportement est formulé de manière positive,

- le comportement relève de votre responsabilité.

Utilisez le tableau suivant :

Plan d'action	**Date**
Objectif :	
Activité	**Fait avant le :**
1	
2	
3	
4	
5	

Conseil

Vous avez atteint votre objectif ? Vous avez dépensé beaucoup de temps et d'énergie à le planifier et à le réaliser ? Vous avez évacué tous les obstacles et vous avez atteint votre objectif en temps et en heure ?
Vous attendez maintenant que votre patron, votre ami ou votre conjoint vous félicitent ? Or cela ne dépend pas de vous. Il est donc important que vous fêtiez vous-même votre succès et que vous vous accordiez une récompense afin de renforcer votre conscience de vous-même.

Jdentifier et exploiter ses propres ressources

Exercice : Jdentifier les ancres positives de la vie quotidienne • 15 min

Les ancres sont des stimuli spécifiques qui mettent en relation des stimuli externes avec des expériences passées. Une chanson que nous entendons à la radio, par exemple, est automatiquement associée à des images et à des sentiments, et fait appel à un réseau de représentations. Les ancres contrôlent inconsciemment notre comportement et nous influencent considérablement. Quand vous employez des ancres positives pour exploiter des ressources, vous avez recours à ce principe.

Ancres visuelles	**Ancres auditives**	**Ancres kines.**	**Ancres olafc.**	**Ancres gusta.**
Images, photos, couleurs, objets	Mélodies, citations, mots	Mouvements, stimuli expérimentés par la peau, sentiments	Odeurs, parfums	Perceptions par le goût

Avant de passer à l'exercice suivant, qui vous apprendra comment employer consciemment une ancre, prenez d'abord conscience des ancres personnelles qui ont un effet positif sur vous. Pour cela, considérez votre vie privée et votre vie professionnelle.

Conseil

Quand vous regardez une photo, quand vous accrochez un diplôme dans votre bureau (ce qui n'a aucun rapport avec la vanité) ou que vous touchez un talisman (ce qui n'a aucun rapport avec la superstition), vous utilisez le pouvoir des ancres : le fait de toucher le talisman et de regarder le diplôme donnent accès à des ressources importantes en perspective de nouveaux succès. Vous avez automatiquement accès, à un niveau inconscient, à l'ensemble des associations et du réseau de vos forces et de vos aptitudes personnelles.

Exercice : Jdentifier les ancres négatives de la vie quotidienne • 15 min

Certains stimuli peuvent avoir une mauvaise influence sur nous. Par exemple, l'odeur d'une certaine lotion après rasage peut nous indisposer. Certains stimuli peuvent fortement nous gêner. La vue d'un chien peut, par exemple, déclencher la peur.

Faites le point sur les ancres personnelles qui vous font mauvaise impression. Pour cela, considérez votre vie privée et votre vie professionnelle.

Ancres visuelles	Ancres auditives	Ancres kines.	Ancres olafc.	Ancres gusta.

Conseil

Concernant les petites ancres négatives de la vie quotidienne, il suffit quelquefois de prendre conscience des réactions que le stimulus déclenche et de comment cela arrive. Évitez, à l'avenir, la rencontre de ces ancres. S'il s'agit d'objets, éloignez-les de votre champ de vision, car les mauvaises impressions génèrent peu de motivation et d'énergie.

Dans le cas de limitations importantes, comme les phobies, la peur des tunnels et des souris, ainsi que les terreurs qui entravent votre liberté d'action et perturbent votre vie, consultez un spécialiste.

Le programme comportemental ancré est plus fort que l'intelligence analytique, qui sait que les souris ne sont pas une menace. Car au travers de l'activation courante des ancres négatives et de leurs conséquences émotionnelles fortes, une ancre négative se manifeste de plus en plus. Son poison peut être toujours plus destructeur.

Exercice : Transformer les succès personnels en ressources • 10 min

Même si les succès ne se produisent pas tous les jours, ils sont suffisamment fréquents pour pouvoir être utilisés comme une source d'énergie. Cet exercice vise à vous apprendre à ancrer ces expériences et à les utiliser comme des ressources.

- Notez sur une feuille de papier une expérience réussie à laquelle vous aimez bien penser (par exemple un examen réussi, un succès sportif, une candidature qui a été retenue, un flirt abouti, une fête réussie, un conflit résolu en bonne intelligence). Replongez-vous dans la situation :
- Immergez-vous dans le contexte. Pensez au lieu dans lequel vous êtes, à ce que vous voyez, à la luminosité, aux couleurs.
- Écoutez les mots, les bruits et les applaudissements.
- Soyez attentif à l'atmosphère, revivez les sentiments que vous avez connus à l'occasion de cette expérience réussie.
- Immergez-vous dans la situation. Demandez-vous : « À quoi sert l'ancre ? ». La représentation d'un lever de soleil peut par exemple apporter sérénité et confiance en soi. Associez maintenant la situation à une ressource personnelle, par exemple la confiance en soi, la joie, l'énergie et le bien-être. Puis établissez une ancre. Pour cela, procédez comme dans l'exercice précédent.
- Testez l'efficacité de l'ancre. Bénéficiez-vous de l'état de ressource souhaité ? L'expérience réussie préside-t-elle au

calme et à la sérénité ?

- Entraînez votre nouvelle ancre comme un muscle. Sollicitez la régulièrement. Quand elle est employée constamment, elle peut exprimer pleinement toute son efficacité.

Exercice : Jdentifier ses points forts • 10 min

Vos points forts sont des ressources que vous pouvez utiliser. Nous sommes souvent conscients de ce que nous ne savons pas faire et nous pensons à nos incapacités. Mais ces pensées ne sont pas motivantes et nous donnent peu d'énergie.
Notez vos points forts sur une feuille de papier. Répondez aux questions suivantes :

- Quels sont mes talents ? Qu'est-ce que je sais bien faire ?
- Quelles sont les qualités que les autres apprécient en moi ?
- Quelles sont les aptitudes et les connaissances que les autres reconnaissent en moi ?
- Qu'est-ce que je fais mieux que d'autres personnes ?
- Qu'est-ce que j'ai appris de nouveau l'année dernière ?
- Dans quel domaine ai-je acquis de nouvelles connaissances ?
- Qu'est-ce que j'aime en moi ?

Conseil

Prenez en considération aussi bien votre vie privée que votre vie professionnelle. Quels sont les points forts dans ces deux domaines ? Quelles sont vos qualités dominantes dans l'un de ces domaines ?

Solution

Les réponses que vous formulerez seront forcément justes.

Comment vous voyez-vous et quels sont vos points forts ? Êtes-vous un cordon-bleu ou un représentant talentueux ? Êtes-vous plutôt adaptable, consciencieux ou bien avez-vous un grand sens du devoir ? Plus vous en aurez écrit sur la feuille de papier, mieux ce sera.
Les aptitudes personnelles, les connaissances que nous avons acquises et les expériences que nous avons faites sont des sources d'énergie qui nous permettent de relever de nouveaux défis.
Ne vous laissez pas impressionner par les personnalités extraordinaires dont nous parlent les médias. Vous verrez que vous avez suffisamment de qualités en vous. Il ne s'agit pas d'être capable de tout surmonter et de faire mieux que tout le monde.

Réjouissez-vous des compliments qui vous sont adressés, car c'est la manière qu'ont les autres de vous signaler ce qu'ils apprécient en vous et ce que vous faites bien. Or ce sont justement vos points forts. Cependant, un retour constructif et une critique honnête peuvent contribuer à développer vos points forts. Discutez-en de manière positive et demandez à l'autre ce qu'il veut dire concrètement.

9

Employer le langage comme un instrument efficace

Dans la pratique

Êtes-vous conscient de la manière dont le langage participe au succès de la communication ? Grâce au bon choix des mots adressés à votre interlocuteur, vous établissez un bon contact et favorisez la pensée positive. D'autre part, le langage peut créer une distance et attiser les conflits.

Certains des exercices suivants vous offriront l'opportunité, aussi bien dans votre vie privée que dans votre vie professionnelle, d'analyser les mots et les phrases que vous dites ou écrivez et de les améliorer. Intégrez ces exercices à votre vie quotidienne et veillez ainsi à votre langage.

Les mots confus, les propos peu clairs ou cachés et les généralisations dans l'expression orale ou écrite rendent souvent le contact difficile avec les autres. Les formulations et les mots directs, clairs et précis facilitent la communication. Le destinataire d'un message voit clairement ce que nous voulons dire, entend notre souhait et notre demande et perçoit notre estime au travers d'un langage clair et direct.

La claire formulation des mots sans provoquer et sans blesser, l'emploi de mots qui servent de ponts entre vous et votre interlocuteur ainsi que le fait de poser les bonnes questions vous permettent d'établir un bon contact et d'être compris correctement.

Jdentifier son modèle de langage

Exercice : Les mots reflètent les pensées • 10 min

Le Talmud dit : « Veille à tes pensées, car elles se transforment en mots ». Nous ne disons pas tout ce que nous pensons. Cependant, les mots donnent des indications sur le traitement mental. Les mots se réfèrent à la carte mentale de celui qui parle.

Cet exercice vous incite à faire attention aux mots de vos proches.

- Les formulations favorites qui se réfèrent à la carte mentale de « celui qui pense en terme de problème » :

Coupable, erreur, manque, faux, effort, stress, beaucoup de travail, critique, éviter, empêcher, cher, problèmes, devoir, tort, mauvais, faute, inexacte, inutile, incapable.
Ce n'est pas moi. Qui est-ce ? Pourquoi personne ne me l'a dit ? Ça a toujours été comme ça. Oui, mais… Ça ne marche jamais. Impossible d'éviter les erreurs. On ne pouvait pas le savoir. Je suis curieux de voir si ça marche. Je suis critique. Je n'ai pas de temps pour cela. J'ai autre chose à faire. Je dois d'abord voir ce dont il retourne. Non, pas ainsi. Ça n'est jamais comme il faut.

- Les formulations favorites qui se réfèrent à la carte mentale de « celui qui résout les problèmes » :

Opportunité, solutions, développements, vision, plaisir au travail, améliorations, juste, aboutir, apprendre, respon-

sable, missions, pouvoir.
Qui est responsable de ce projet ? Nous essaierons cela. Je suis curieux de voir la manière dont ça va marcher. De quoi avons-nous besoin encore ? Comment résoudrons-nous cela à l'avenir ? Le changement offre de nouvelles possibilités. C'est juste. Il y a de nombreux chemins différents. Je m'en occupe. Je peux essayer de le faire. Comment améliorer cela ?

Conseil

Celui qui pense en terme de problème parle beaucoup du passé. Son regard est tourné vers les erreurs et les situations intenables. Il critique volontiers et beaucoup. Il se considère souvent comme une victime et se trouve toujours des excuses. Il se justifie sans cesse. Il cherche à trouver le coupable. Il reporte la faute sur les autres et ne reconnaît pas ses incapacités.

Celui qui résout les problèmes tourne son regard vers le présent ou l'avenir. Il parle de responsabilité et d'opportunités et formule ses propos de manière positive. Il se considère comme l'initiateur et le moteur des développements. Il félicite ses proches.
Attention : Ne surestimez pas certains propos de vos proches. Les cartes mentales se reflètent au travers de la multitude des mots et de nombreuses indications. Vous pourrez aider ceux qui pensent en terme de problème en ayant recours au *pacing* puis au *leading*.

Exercice : Chercher la formulation positive • 6 min

Les mots positifs donnent des impulsions positives. Ils consolent, détendent, réjouissent, aident ou expliquent. Les mots négatifs donnent des impulsions négatives. Ils blessent (les vexations rendent malades), suggèrent la peur et inhibent.

Chaque mot négatif peut être remplacé par un mot positif. Regardez la liste ci-dessous et voyez les pensées que ces mots déclenchent et la raison pour laquelle ils produisent des images négatives. Remplacez chacun d'eux par un mot plus positif. Puis voyez si l'amélioration est suffisante.

Pas de problème	
Oui, mais	
Laborieux	
Je n'ai pas envie	
Tu dois	
Je dois	
Subalterne	
Courrier de réclamation	
Client qui se plaint	
Ça n'est pas fini ?	
Message d'erreur	
Clients difficiles	

Solution

Pas de problème	Oui, volontiers
Oui, mais	Oui et
Laborieux	Travailleur
Je n'ai pas envie	Je préfère
Tu dois	Peux-tu s'il te plaît
Je dois	Je ferai, je veux
Subalterne	Collaborateur
Courrier de réclamation	Courrier de relance
Client qui se plaint	Client important
Ça n'est pas fini ?	Puis-je vous aider ?
Message d'erreur	Contrôle de qualité
Client difficile	Client exigeant

Conseil

Faites attention aux mots que vous employez. Comment parlez-vous de vos collaborateurs et en quels termes pensez-vous à eux ? Sont-ils de la main-d'œuvre, des idiots, des générateurs de coûts ? Il existe également des mots différents pour qualifier les étrangers, les handicapés, les voisins et le sexe opposé.

Exercice : Analyser ses propres textes • 20 min

Le mot écrit a plus de signification que l'expression orale. Il est moins éphémère. Son impact est plus fort et de plus longue durée (les textes sont conservés). Le mot écrit trahit davantage la pensée de son auteur que celui-ci ne le voudrait.

> Nous sommes souvent dans l'urgence et nous ne prenons pas suffisamment le temps de réfléchir au contenu et au style ainsi qu'à la manière de s'adresser convenablement à un destinataire.

Pour cet exercice, prenez des courriers et des emails de votre correspondance privée ou professionnelle, par exemple une correspondance commerciale, une invitation à une fête, des descriptions de produits, des courriers adressés à des amis ou à des membres de votre famille et des courriers envoyés à la caisse d'assurance-maladie.
Lisez ces textes et surlignez les mots et les expressions suivantes :

Mots qui atténuent	peut-être, en réalité et les verbes au subjonctif
Généralisations	toujours, jamais, tous
Nominalisations	substantifs au lieu de verbes actifs
Pronoms indéfinis	on, quelqu'un, personne
Explétifs	bien, donc, seulement, un peu

Exemple

Mots qui atténuent : au premier coup d'œil, ces mots paraissent polis et amicaux. Mais si l'on y regarde de plus près, on constate que le choix du vocabulaire n'engage à rien ou bien est imprécis. Au lieu de : « Je dirais », mieux vaut écrire : « Je dis ». Et au lieu de : « En réalité, je me réjouis », écrivez : « Je me réjouis ».

Généralisations : sachez que quelque chose est rarement *toujours ainsi* ou *jamais ainsi*. Les généralisations poussent le lecteur à la contradiction : « Ce n'est pas toujours ainsi, il y a des exceptions. »

Nominalisations : évaluez la quantité des substantifs. Nombreuses sont les situations qui peuvent être exprimées par un verbe actif ou un adverbe. C'est le cas de joie – joyeusement ; faire une réclamation – se plaindre ; son étreinte était amicale – il l'enlaça amicalement.

Pronoms indéfinis : Qui est *on* ou *quelqu'un* ? Les gens se sentent mieux quand ils sont interpellés personnellement ou quand ils savent clairement de qui il s'agit. Employez *je*, *tu*, *pour vous* ou *nous* quand vous faites allusion à plusieurs personnes. Citez les noms.

Explétifs : ces mots « gonflent » les courriers inutilement et n'ont pas de fonction à l'écrit. Vous pouvez tout à fait vous en passer.

Exercice : analyser son propre langage parlé • 15 min

Nous avons rarement l'occasion de tester l'effet ce que nous disons (le choix du vocabulaire et le contenu) sur les autres.

Cet exercice vous permettra de mettre en lumière votre communication verbale, avec l'aide d'un partenaire auquel vous poserez toutes les questions que vous voudrez. Choisissez un sujet sur lequel vous allez pouvoir vous exprimer avec vos mots à vous. Il peut s'agir :

- de votre conte préféré,
- d'un livre qui vous a passionné,
- d'une œuvre d'art que vous avez admirée,
- d'un film qui vous a impressionné.

Demandez à votre partenaire qu'il vous écoute attentivement et qu'il classe vos mots dans différentes catégories en se référant à la liste de l'exercice précédent.

L'objectif de la conversation suivante n'est pas de déceler les fautes, mais de vous écouter vous-même au travers des oreilles de votre partenaire. En effet, dans une conversation normale, tout va très vite : on ne peut prêter attention aux différentes séquences de langage et, surtout, l'interlocuteur ne peut ou ne veut pas vous donner de retour.

Posez à votre partenaire les questions suivantes :

- Quelles images intérieures a suggéré votre récit chez votre partenaire ?
- Quels sentiments avez-vous produit chez votre partenaire ?
- Comment et avec quels mots avez-vous captivé votre partenaire ou au contraire qu'est-ce qui a provoqué de l'ennui chez lui ?
- Est-ce que le message que vous vouliez lui faire passer lui est bien parvenu ?
- Y a-t-il eu des distorsions ou des erreurs d'interprétation ?

Si oui, pour quelle raison ?

- Qu'est-ce que votre partenaire a bien aimé dans votre récit et quels sont les conseils qu'il vous donne ? Où voit-il des possibilités de vous améliorer ?

Demandez à votre partenaire qu'il dise avec ses mots à lui ce que vous lui avez raconté. Discutez avec lui de votre choix de vocabulaire et de votre style.

Conseil

Les informations télévisées constituent un bon terrain d'observation. Fermez les yeux et écoutez.

Exercice : Reformuler les choses de manière positive • 8 min

Comment abordez-vous les choses dans le choix de vos mots et la tournure de vos phrases ? Vous focalisez-vous sur les problèmes, les échecs, les erreurs et les obstacles ? Les pensées déterminent la pensée. Cela signifie que lorsque vous observez une situation dans une perspective négative, vous dépensez plus d'énergie avant de trouver les solutions, de saisir les opportunités et d'arriver au succès.

Afin d'orienter plus souvent votre regard vers les aspects positifs, reformulez de manière positive les propos de cet exercice :

1. Ce n'est pas bien de te lancer si tardivement dans les préparatifs de notre fête.
2. Avez-vous du mal à tenir les délais pour notre rendez-vous ?
3. La seconde proposition de texte ne me plaît pas du tout car il y a beaucoup trop de longueurs.

4. Je ne suis pas responsable de ce domaine et je ne peux pas vous renseigner.

5. Vous ne m'avez pas bien compris.

6. Je n'ai pas encore eu le temps de préparer les documents.

7. Je ne peux plus prendre de rendez-vous cette semaine.

8. Je ne suis pas au courant, je n'ai pas été informé par la direction.

Solution

(**1**) Ce serait bien que tu te lances dans les préparatifs suffisamment tôt pour que la fête soit réussie et que tu puisses tout prévoir tranquillement.
(**2**) Vous est-il possible de tout préparer avant notre prochain rendez-vous ou bien avez-vous besoin d'un peu plus de temps ?
(**3**) Le premier texte me plaît beaucoup. Il décrit la situation de manière très concise.
(**4**) C'est ma collègue, madame Martin, qui est responsable de ce domaine. Je peux tout à fait vous mettre en relation avec elle ou bien lui demander de vous contacter.
(**5**) Il est important que vous évaluiez bien la situation. Je peux tout à fait vous expliquer le contexte avec plus de détails.
(**6**) Je vous envoie tous les documents par la poste demain.
(**7**) Je peux vous proposer un rendez-vous mercredi prochain.
(**8**) Je peux me renseigner auprès de la direction afin que vous receviez rapidement les informations.

Conseil

Que vous voyiez le verre à moitié plein ou à moitié vide, le traitement mental n'est pas le même. Le contenu du verre est identique, mais l'angle de vue est différent. Il y a beaucoup de choses que vous pouvez formuler de manière positive. Vous vous concentrez alors sur l'objectif à atteindre, sur ce qui doit être fait ou sur ce qui est bien et correct.

Exercice : Positiver avec les mots • 8 min

Quand on vous dit d'employer des mots positifs dans vos textes et vos conversations, cela vous paraît peut-être évident. Pourtant, dans la vie quotidienne, nous ne remarquons pas toujours qu'un langage négatif et des formulations négatives se glissent dans nos propos.
Cet exercice vise à vous entraîner à collectionner des mots positifs et actifs, porteurs d'énergie.
Prenez une feuille de papier et écrivez pendant cinq minutes tous les mots positifs qui vous passent par la tête. Ne faites pas de pause.

Conseil

Si vous remarquez que vous vous focalisez sur les mots d'un contexte précis ou bien que vous manquez d'inspiration, pensez aux différents domaines de la vie, comme la famille, le travail, le cercle amical, les vacances. Essayez de trouver différents types de mots : des verbes actifs, ainsi que des adjectifs et des adverbes. Notez aussi bien des objets que des choses immatérielles comme des sentiments ou des pensées.

Solution

Voici quelques exemples :

Jeu, vacances, soleil, lumière, amour, bien-être, famille, fête, joie, amis, succès, savoir, liberté, sécurité, immensité, santé, plaisir, loisirs, énergie, courage, musique, nature, motivation, force, sérénité.

Chanter, rire, s'enthousiasmer, voyager, se réjouir, remercier, aimer, vivre, se détendre, caresser, cuisiner, rentrer à la maison, embrasser, jouer, grandir.

Lumineux, éclatant, joyeux, vivant, coloré, fin, libre, gracieux, fort, aéré, détendu, délicieux, drôle, précieux, super, formidable, doux, mou, rassasié, pétillant, chaud, ombragé, rouge, léger, riche, beau, exceptionnel, excellent, énergétique.

Conseil

Soyez conscient dans l'emploi de votre vocabulaire énergisant que les mots n'ont pas tous la même signification pour les autres ou qu'ils ne sont pas forcément associés à des expériences positives. « Mamie » peut évoquer des images différentes selon l'expérience que l'on a avec sa grand-mère. La curiosité est pour certains une qualité positive qui correspond à un intérêt pour la nouveauté, tandis que pour d'autres, c'est une mauvaise habitude.

> Choisissez votre vocabulaire en fonction de votre interlocuteur, de sa représentation du monde, de ses expériences, de ses valeurs et de son traitement mental.

Exercice : Un langage clair favorise le contact • 8 min

Reformulez les propos suivants de manière directe et claire :

1. On devrait ranger les archives.

2. Vous devriez tous savoir que je n'ai pas beaucoup de temps.

3. J'aimerais qu'on m'accorde plus d'attention.

4. Les fleurs sont très sèches. Pourrais-tu les arroser ?

5. Notre nouvelle collègue aurait besoin d'aide.

6. Cela serait-il possible que vous écriviez ce courrier ?

7. Ne pourrions-nous pas être plus sympathiques avec notre stagiaire ?

8. Je suggérerais d'appeler d'abord notre client afin de savoir comment procéder.

9. Vous seriez gentil de bien vouloir m'accorder brièvement votre attention.

Solution

(**1**) Comme nous avons un contrôle fiscal le mois prochain, il est nécessaire de ranger les archives, de les reclasser et de faire le ménage. Qui peut le faire ?
(**2**) J'ai beaucoup de travail en ce moment et mon agenda est bien rempli. Merci de bien vouloir honorer notre rendez-vous ou de m'appeler au moins deux jours avant si vous souhaitez le reporter.
(**3**) J'attends de toi que tu sois attentionné et que tu penses à mon anniversaire.
(**4**) Les fleurs ont un besoin d'eau urgent. Comme je rentre très tard ce soir, merci de bien vouloir penser à les arroser.
(**5**) Notre nouvelle collègue m'a demandé de l'aide. Je lui explique le classement. Merci de bien vouloir t'occuper de lui montrer cette semaine comment fonctionne le nouveau programme informatique.
(**6**) Notre client attend un courrier avant vendredi. Pouvez-vous l'écrire aujourd'hui ?
(**7**) J'attends de vous que vous soyez aimable et valorisant avec tous les stagiaires de notre entreprise.
(**8**) Il est important que vous appeliez le client aujourd'hui et que vous voyiez concrètement avec lui comment procéder.
(**9**) Je vous prie de bien vouloir écouter avec attention. J'ai

rassemblé toutes les informations qui sont nécessaires à notre nouveau projet.

Améliorer la communication en posant des questions

Exercice : Poser des questions fermées • 8 min

Les questions permettent de rester en contact avec un interlocuteur, d'obtenir des informations importantes ou bien d'éclaircir une situation. L'emploi d'une question et l'effet qu'elle produit sont très variables et dépendent d'une certaine technique. Nous distinguons les questions ouvertes et les questions fermées. L'interlocuteur répond par oui ou par non à la question fermée. Elle commence par un verbe comme par exemple : « Avez-vous… », « Pouvez-vous… », « Avez-vous besoin… », « Comptez-vous… ».

Pour cet exercice, faites appel à un partenaire. Asseyez-vous en face de lui et procédez en deux temps :

(**1**) Dans un premier temps, posez à votre partenaire uniquement des questions fermées à propos de son dernier voyage, de ses loisirs ou d'une situation de son quotidien professionnel.

(**2**) Dans un second temps, intervertissez les rôles : c'est au tour de votre partenaire de vous poser des questions fermées.

(**3**) Pendant le premier échange, soyez attentif aux informations que vous obtenez et à la manière dont se déroule la discussion. Pendant le second échange, soyez attentif à vos sentiments et à vos pensées alors que vous ne pouvez répondre que par oui ou par non. Discutez de vos ressentis respectifs avec votre partenaire.

Fin de l'exercice

Quand vous employez les questions fermées, vous remarquerez que la conversation s'interrompt de plus en plus et que vous perdez le contact. Celui qui est interrogé donne très peu d'informations et celui qui interroge doit tirer les vers du nez de son interlocuteur.

La technique de la question fermée réduit considérablement les possibilités de réponse de l'interlocuteur. Il n'y a que des oui ou des non, ce qui ne donne lieu à aucun dialogue. L'interlocuteur n'a pas la possibilité d'exprimer ses souhaits et ses attentes ou de donner son opinion.

Conseil

Les questions fermées sont utiles :
- à la fin d'une conversation,
- pour réduire les longueurs et freiner les bavards,
- pour aboutir à des prises de décision.

Exercice : Poser des questions ouvertes • 10 min

Vous reconnaîtrez les questions ouvertes à la formulation du début de la phrase. Elle commence toujours par un pronom ou un adverbe interrogatif comme qui, quand, où, que, comment, etc. Plus vous maîtriserez la technique de la question ouverte, plus vous réussirez à poursuivre la conversation. Faites l'exercice suivant en deux temps avec votre partenaire, comme dans l'exercice précédent et ne posez que des questions ouvertes. Choisissez le même sujet. Si l'un de vous pose par erreur une question fermée, son interlocuteur n'y répondra pas et attendra qu'il reformule sa question.

Comparez la technique des questions ouvertes avec celle des questions fermées :

- Quelle atmosphère règne-t-il ?
- Quelles informations obtenez-vous ?
- Avec quelle rapidité obtenez-vous les informations et de quelle qualité sont-elles ?
- Comment évaluez-vous le contact entre les partenaires ?

Fin de l'exercice

L'avantage des questions ouvertes réside dans le fait que votre interlocuteur ne répond pas par oui ou par non. La conversation n'est pas interrompue, mais se poursuit. Votre partenaire est invité à en dire plus, à exprimer ses souhaits et son point de vue.

En employant cette technique, vous montrez de l'intérêt à votre interlocuteur et vous lui signalez que ses réponses vous intéressent. Par le choix de la question, vous pouvez d'une certaine manière diriger la discussion vers l'un des objectifs que vous visez. Posez une question ouverte en début de conversation, quand vous voulez analyser une situation ou quand la discussion s'interrompt.

Conseil

Le fait de poser des questions établit le contact et apporte des informations. Prenez garde toutefois à ce que la discussion ne se transforme pas en interrogatoire. Employez des techniques de question différentes. Après une question, échangez vos points de vue et accordez des pauses à votre interlocuteur.

Exercice : Orienter la conversation en posant des questions • 8 min

Le type de question est fonction du sujet de la discussion. Vous aurez un maximum de latitude et de flexibilité en employant la technique des questions en fonction de la situation, de l'objectif de la conversation et des phases de discussion.

Entraînez-vous à passer des questions fermées aux questions ouvertes. Au lieu d'une question fermée, posez une question ouverte :

1. Voulez-vous boire du vin pendant le repas ?
2. Jouez-vous au golf depuis longtemps ?
3. Avez-vous du temps demain pour un petit entretien ?
4. Ma nouvelle robe te plaît-elle ?
5. Avez-vous besoin de mon aide ?
6. Partez-vous en vacances le mois prochain ?
7. Avez-vous d'autres questions à propos de ce nouveau produit ?
8. Souhaitez-vous tester un autre produit de notre entreprise.
9. Avez-vous l'heure ?

Il existe plusieurs possibilités de questions ouvertes. Trouvez-en quelques-unes.

Solution

(**1**) Quel vin puis-je vous proposer pendant le repas ?
Quel type de vin voulez-vous boire pendant le repas ?
(**2**) Depuis combien de temps jouez-vous au golf ?
(**3**) Quand auriez-vous du temps demain pour un petit entretien ?
(**4**) Comment trouves-tu ma nouvelle robe ?
Qu'est-ce qui te plaît dans ma nouvelle robe ?

(**5**) Comment puis-je vous aider ? Quelle aide puis-je vous apporter ? En quoi puis-je vous aider ?
(**6**) Quand partez-vous en vacances ? Quelle est votre semaine de vacances ?
(**7**) Quelles questions avez-vous à propos de ce nouveau produit ?
(**8**) Quel autre produit de notre entreprise souhaitez-vous tester ?
(**9**) Quelle heure est-il s'il vous plaît ?

Conseil

Employez les mots interrogatifs suivants :

Qui	Comment	À qui	Que	Quand
De qui	Avec quoi	Pour quoi	Lequel, laquelle	Combien
Où	Pourquoi	Quel, quelle		

Exercice : Contrôler la conversation • 12 min

En général, celui qui pose les questions mène la discussion. Il s'agit dès lors de poser consciemment des questions ouvertes. En fonction de la manière dont vous questionnez votre interlocuteur vous parviendrez à contrôler la conversation ou bien à obtenir les informations qui vous paraissent importantes.

Entraînez votre aptitude à poser des questions. Posez trois questions ouvertes correspondant aux domaines suivants :

Période, Date	Par exemple : « Combien de temps ça dure ? »
Personnes, Participants	

Contenu, Sujets	
Relation, Contexte	
Méthode, Art et manière	
Opinions, Perspectives	
Objectifs, Solutions	

Solution

Période, Date	Combien de temps avez-vous mis ? Depuis combien de temps travaillez-vous sur le sujet ? Quel rendez-vous pouvons-nous fixer ? Quand vous en êtes-vous occupé pour la dernière fois ?
Personnes, Participants	Qui peut se charger de ce dossier ? Qui est concerné par le sujet ? Qui peut vous informer ?
Contenu, Sujets	De quoi s'agit-il ? Quels aspects voulez-vous aborder aujourd'hui avec moi ? Que voulez-vous dire par là ?
Méthode, Art et manière	Comment procéder ? Comment faire plus vite ? Comment pouvez-vous faire en sorte d'obtenir que…
Opinions, Perspectives	Que pensez-vous de x ? Quel est votre angle de vue par rapport au sujet ? Qu'en dites-vous ?
Objectifs, Solutions	Que voulez-vous obtenir ? Quelles solutions voyez-vous ? Quelles sont les étapes à suivre ? Qu'avez-vous déjà entrepris ?

Exercice : « Pourquoi » n'est pas toujours adapté • 8 min

En posant une question avec « pourquoi », vous voulez connaître les raisons d'un acte. Cependant, quand on leur pose ce type de questions, beaucoup de gens se sentent agressés ou dans l'obligation de se justifier. La question avec

« pourquoi » construit souvent un mur au niveau de la communication.

Entraînez-vous à reformuler les questions avec « pourquoi » de manière à ce que votre interlocuteur ne se sente pas agressé et à ce qu'il vous communique les informations que vous attendez.

1. Pourquoi n'avez-vous pas honoré ce rendez-vous ?

2. Pourquoi vous faut-il autant de temps pour remplir cette mission ?

3. Pourquoi arrives-tu trop tard ?

4. Pourquoi n'avez-vous pas appelé madame Martin ?

5. Pourquoi avez-vous occasionné plus de frais que prévu ?

6. Pourquoi cette solution ne te convient-elle pas ?

7. Pourquoi personne ne s'est occupé de la demande du client ?

Conseil

Employez les mots interrogatifs *quand, comment, où, qui, dans quelle mesure* et voyez avec quelle question vous obtenez l'information souhaitée.

Solution

(**1**) Comment pouvons-nous nous arranger à l'avenir pour que vous honoriez vos rendez-vous ?
(**2**) De combien de temps avez-vous besoin pour remplir cette mission ?
(**3**) Où es-tu resté coincé ?
(**4**) Quand appellerez-vous madame Martin ? Quelles sont les informations dont vous avez besoin pour appeler madame Martin assez vite ?
(**5**) Comment se fait-il que vous ne teniez pas le budget ? Que pensez-vous faire à l'avenir pour éviter d'engager plus de frais que prévu ?

(6) Que pourrions-nous faire pour que tu acceptes cette solution ?
(7) Qui peut s'occuper de traiter la demande du client. Quand sera-t-il possible de la traiter ?

Conseil

Quand vous posez des questions ouvertes, veillez à ne pas provoquer de blocage ou de contre-attaque. La question avec « pourquoi » oriente le regard vers le passé et les coupables. Quand vous posez des questions ouvertes en quête de solution (« Que proposez-vous ? »), vous orientez le regard vers l'avenir, vers la solution ou vers l'art et la manière de procéder.

Employer un langage vivant et pertinent

Exercice : Employer un langage actif • 8 min

L'emploi de la voix passive est souvent pénalisant dans la communication et le contact avec l'interlocuteur. De même, les verbes sans énergie qui ne décrivent pas d'action comme les auxiliaires mais aussi les nominalisations ne profitent pas à la communication.

Formulez ces propos de manière active :

1. Faites-nous savoir quand vous n'êtes pas satisfait.

2. Vos données seront supprimées à la fin du mois.

3. Ce nouveau produit a été évalué positivement par nos clients.

4. Le sujet a été remis en question par les participants intéressés.

5. L'invitation à la fête de l'entreprise vous est transmise par votre supérieur hiérarchique.

6. Le résultat a été remis en cause par mon ami.
7. Votre commande sera traitée le jour où vous nous la communiquerez et les livres seront envoyés par la poste.

Solution

(**1**) Merci de bien vouloir nous avertir quand vous n'êtes pas satisfait.
(**2**) Nous supprimerons vos données à la fin du mois.
(**3**) Nos clients évaluent positivement ce nouveau produit.
(**4**) Les participants intéressés ont remis en cause le sujet.
(**5**) Votre supérieur hiérarchique vous invite à la fête de l'entreprise.
(**6**) Mon ami remet en cause le résultat.
(**7**) Nous traiterons votre commande le jour où vous nous la communiquerez et nous vous enverrons les livres par la poste.

Conseil

Utilisez des verbes actifs qui décrivent clairement qui fait quoi et ce qui se passe. Au lieu de évaluation – évaluer ; vérification – vérifier.

Exercice : Parler « imagé » • 10 min

Le fait de parler de manière vivante rend votre communication intéressante. Un langage imagé emploie des mots qui évoquent des images intérieures chez l'interlocuteur. Trouvez un langage imagé pour traiter ces deux sujets :

- Travail en équipe – Images pour illustrer : les emmener tous en bateau/tous sont assis dans une embarcation,
- Préparer l'accueil des clients – Images pour illustrer : inviter et recevoir des hôtes.

Conseil

Représentez-vous la situation en images. À quoi ressemble l'accueil des hôtes ? Quel est l'intérêt de l'activité ? Réfléchissez à la manière d'exprimer les choses clairement et concrètement.

- Quels sont les points communs ?
- Quels sont ceux qui se comportent de la même manière ? (« Est-ce la même chose d'inviter des hôtes ou de se préparer à une discussion avec un client…)

Solution

En employant ces mots, votre langage imagé suggère des images :

Travail en équipe – tous sont assis dans une embarcation : Tous rament au même rythme. Un barreur parle. Certains sont encore sur la rive et ne sont pas montés dans l'embarcation. D'autres sont assis dans l'embarcation, mais ne rament pas encore. Le meilleur moment de la régate est le succès de toute l'équipe.

Préparer l'accueil des clients – Inviter et recevoir des hôtes : Quand vous invitez des hôtes, vous rangez votre intérieur et faites le ménage. Vous décorez les pièces, sortez la belle vaisselle et les jolies nappes. Vous allez rapidement chez le coiffeur et vous mettez vos habits de fête. Le menu est raffiné et adapté à vos hôtes. Vous êtes de bonne humeur, courtois et prévenant. Quand la fête est terminée, vous rangez et vous pensez à la fois prochaine. C'est exactement ce qui se passe chez le vendeur, dans les pièces soignées destinées à la vente.

10

Donner des impulsions conscientes pour induire des changements

Dans la pratique

Les changements déterminent toute notre existence. En tant que personne, nous changeons extérieurement et intérieurement. Nos sens perçoivent constamment les changements, et le monde autour de nous se modifie continuellement. Toutefois, les changements sont gênants pour un certain nombre d'entre nous et nous mettons au point des stratégies pour ne pas les percevoir ou bien pour les nier. Les points de vue et les jugements individuels ou les comportements qu'on a considérés une fois comme bons sont rigides et souvent limitatifs.

Ce chapitre vise à vous entraîner à modifier l'intensité de votre perception sensorielle, à apprendre d'autrui et à considérer d'autres points de vue afin de pouvoir élargir votre champ d'évaluation personnel.

La plupart de ces exercices s'intégreront très bien à votre vie quotidienne. Vous pouvez à tout moment jouer avec votre perception sensorielle. La technique du recadrage vous offre la possibilité de voir les choses sous un autre angle et de les évaluer différemment, car il n'y a pas de vérité absolue.

Jouer avec les nuances

Exercice : Laissez jouer vos sens • 16 min

Chaque situation, chaque expérience et chaque pensée sont enregistrées dans notre cerveau. Celui-ci enregistre les perceptions des sens : pas seulement ce que j'ai vu et entendu mais également les différences nuances. Ces qualités affinées des perceptions sensorielles (sous-modalités) sont extrêmement bien adaptées au jeu des sens. Ces sous-modalités sont par exemple les différentes nuances de couleur et de luminosité, les bruits et les sons. Si vous pratiquez régulièrement cet exercice dans des situations de la vie quotidienne, vous ferez travailler votre représentation mentale que vous entraînerez comme un muscle.

Choisissez une situation de votre passé récent que vous vous représentez en pensée. Vous pouvez de nouveau être réceptif aux perceptions sensorielles de cette situation, c'est-à-dire voir, entendre, sentir et goûter :
(**1**) Observez les couleurs, les formes, la taille et les distances. Écoutez ce qu'il y avait à entendre. Touchez, sentez et goûtez comme vous l'avez fait à ce moment-là.
(**2**) Modifiez la luminosité et la couleur. Passez des images en couleurs aux images en noir et blanc. Grossissez les objets, puis laissez-les redevenir plus petits. Modifiez la position des objets dans l'image. Utilisez un objectif ou une loupe.
(**3**) Laissez les voix devenir plus fortes puis plus basses. Variez le volume sonore et le rythme de parole des personnes présentes ou bien faites complètement cesser les bruits.
(**4**) C'est maintenant au tour des sensations kinesthésiques

et de toutes les perceptions qui se font avec la langue et le nez. Vous pouvez les influencer comme le ferait un cuisinier. Montez ou baissez le thermostat, modifiez l'intensité des sentiments, des perceptions physiques, des odeurs et des goûts. Après avoir fait plusieurs fois le tour des perceptions sensorielles, revenez à la situation de départ (l'arrêt sur image).

Exercice : Tout est modifiable • 16 min

Dans l'exercice précédent, vous avez modifié les différentes sous-modalités. Dans cet exercice, vous pourrez tourner tous les boutons en même temps pour obtenir l'image la plus riche en ressources.

Première étape : Commencez avec l'arrêt sur image de l'exercice précédent. Laissez cette image apparaître avec toutes les perceptions sensorielles.

Deuxième étape : Modifiez toutes les sous-modalités visuelles. Obtenez l'image la plus idéale possible en matière de couleur, de luminosité, de contraste et de taille. Poursuivez le travail sur cette image.

Troisième étape : Modifiez maintenant les sous-modalités auditives comme le rythme de parole et le volume sonore. Tournez les boutons des sous- modalités de manière à obtenir la meilleure image possible. Poursuivez ce travail.

Quatrième étape : Modifiez les sous-modalités kinesthésiques, gustatives et olfactives jusqu'à obtenir une image dans laquelle vous vous sentez très bien.
Si vous souhaitez commencer par une autre sous-modalité, vous pouvez modifier l'ordre des étapes à partir de la deuxième.

Fin de l'exercice

Là encore, l'entraînement est indispensable. Certains passent sans cesse d'un canal sensoriel à un autre parce que la luminosité de l'étape précédente n'est pas adaptée à une image très calme. Variez les nuances des qualités sensorielles jusqu'à obtenir l'image la plus satisfaisante possible.

Conseil

Cette technique est utile quand vous êtes empêtré dans une situation au niveau émotionnel. En tournant rapidement les boutons, vous pouvez modifier les sous-modalités par exemple en apaisant une situation et en plaçant le chien menaçant dans un coin éloigné de la pièce. Vous ne voyez plus les aspects désagréables en couleurs parce que vous les décolorez mentalement.

Vous pouvez également utiliser cette technique pour modifier les expériences riches en ressources. Vous augmentez par exemple la puissance des applaudissements après une conférence réussie ou vous intensifiez la luminosité lors d'une promenade matinale.

La modification des sous-modalités est un instrument utile pour transformer des expériences positives en ressources et ôter l'aspect négatif d'expériences moins agréables en les regardant avec un œil neuf et en leur accordant moins d'importance.

Utiliser la modélisation pour les changements personnels

Exercice : Jdentifier les stratégies performantes d'autrui • 10 min

Vous voulez apprendre d'une autre personne ? Pour cela, il est important d'analyser sa stratégie performante. Vous devez donc percevoir ses conditions environnementales et son comportement. Pour apprendre d'un modèle, nous nous mettons à sa place, c'est-à-dire que nous adoptons la deuxième position perceptuelle et que nous agissons comme si nous étions la personne que nous souhaitons modéliser.
Analysez la situation suivante en évaluant en fonction des niveaux logiques **Comportement**, **Aptitudes**, **Valeurs** et **Identité** (page 102) ce qui rend cette personne particulière : Une enseignante de primaire reste toujours très calme ; elle est aimable et conviviale avec les enfants dont elle obtient de très bons résultats scolaires grâce à son autorité naturelle.
Laissez libre cours à votre imagination !

Solution

Votre évaluation pourrait être la suivante :

Comportement : Elle regarde chacun des enfants et leur donne la main pour les saluer et les appelle par leurs prénoms. Elle a toujours des mots gentils pour leur dire bonjour. Elle parle clairement et lentement et s'exprime dans un langage adapté aux enfants.

Aptitudes : Elle maîtrise toutes les règles de la communication, emploie un langage parlé et un langage du corps adaptés. Elle est flexible dans les situations difficiles.

Valeurs : Elle est valorisante, calme et affectueuse avec les enfants. Elle est convaincue que les enfants peuvent apprendre facilement quand ils évoluent dans une atmosphère détendue et qu'ils n'ont pas de craintes. Elle se réfère aux mêmes valeurs dans son contact avec ses collègues et ses supérieurs hiérarchiques.

Identité : Elle se considère comme une enseignante compétente qui fait preuve d'une autorité naturelle (du fait de sa personnalité et de son caractère).

Exercice : Apprendre des autres • 10 min

Nous avons quasiment tous des idoles et des modèles dont nous admirons le comportement et certaines qualités que nous aimerions bien avoir.

En PNL, il existe une technique précieuse consistant à copier quelque chose sur un petit ou un grand modèle et à prendre ce dernier comme modèle de référence pour apprendre : c'est la modélisation. Représentez-vous en imagination deux ou trois personnes de votre vie personnelle ou professionnelle qui constituent des modèles pour vous et desquelles vous aimeriez bien apprendre certaines choses. Pour cet exercice, choisissez une personne bien précise. Explorez de nouveau les différents niveaux logiques :

- **Comportement** : Comment se comporte votre modèle (son comportement vu de l'extérieur, son langage parlé, son langage corporel, ses actions) ?
- **Aptitudes** : Quelles sont les qualités et les connaissances de cette personne ?
- **Valeurs** : Quelles sont les raisons pour lesquelles elle agit ainsi ? Qu'est-ce qui compte pour elle ?
- **Identité** : Comment cette personne se voit-elle ? Quel rôle adopte-t-elle ?

Exemples

La responsable du service marketing qui reste calme et détendue même en cas de stress important. Son fils âgé de 12 ans qui observe le firmament avec beaucoup d'ardeur et de sérieux en utilisant son télescope et qui se forme pour devenir astronome.

Solution

Concernant le processus de modélisation, il s'agit d'être toujours prêt à apprendre. En effet, personne n'est parfait dans tous les domaines. Nous sommes tous à la fois enseignant dans notre domaine de prédilection et apprenti dans d'autres.

Le fait d'apprendre d'un modèle est une vieille recette qui fonctionne partout. Les enfants apprennent de leurs parents et ceux qui sont nouvellement embauchés apprennent de leurs collègues plus expérimentés.

La modélisation n'est pas seulement une technique de PNL mais également une attitude.
L'apprentissage de comportements dits d'excellence, de stratégies performantes et la quête permanente d'amélioration trouvent leur équivalent dans le domaine économique avec le processus d'amélioration continue (PAC) et le kaizen au Japon.

Conseil

En partant d'un comportement observable, il est quelquefois difficile de comprendre comment une personne procède pour être si performante. Ce comportement peut avoir différentes aptitudes et valeurs.

Pour comprendre comment votre modèle réussit, n'hésitez pas à adopter la deuxième position perceptuelle. Mettez-vous à la place de votre modèle et posez, si nécessaire, une feuille de papier sur le sol puis questionnez le modèle en vous référant à tous les niveaux logiques.

Réinterpréter les situations

Exercice : Évaluer la situation différemment • 8 min

Il existe de nombreuses situations quotidiennes que vous êtes contraint d'accepter comme elles sont. Certains refusent de se résigner et passent un temps fou à se plaindre ou dépensent beaucoup d'énergie à lutter contre des choses inévitables. D'autres au contraire deviennent plus flexibles en procédant au recadrage : ils donnent aux situations un nouveau cadre et une nouvelle signification.

Avec cet exercice, entraînez-vous à évaluer différemment les situations. Demandez-vous en quoi cela est une bonne opportunité. Donnez aux situations désagréables un cadre positif.

Proposez trois interprétations positives pour chacune des situations suivantes. Qu'est-ce qui pourrait être bien quand :

1. Votre excursion tombe à l'eau parce qu'il pleut des trombes.
2. Votre voiture ne démarre pas.
3. Vous vous rendez compte lors d'une réunion que vous avez oublié votre dossier à la maison.
4. Vous devez attendre très longtemps chez le médecin.
5. Vous n'arrivez pas à faire vos courses avant la fermeture des magasins.

Solution

(**1**) Vous n'avez pas besoin d'arroser les fleurs dans le jardin. Vous n'avez pas besoin de faire laver votre voiture. Vous avez du temps pour lire.
(**2**) Vous pouvez faire réviser votre voiture. Vous pouvez faire le court trajet en vélo ou à pied, ce qui est bon pour la santé. Si le trajet est plus long, vous prenez le train et en profitez pour lire.
(**3**) Vous vous lancez dans l'improvisation. Vous pouvez poser de nouvelles questions sur le sujet. Vous montrez que vous êtes le spécialiste du sujet.
(**4**) Vous pouvez employer ce temps utilement en lisant un bon livre. Vous pouvez en profiter pour penser à vos prochaines activités.
(**5**) Vous utilisez les aliments que vous avez en réserve. Vous dînez dans un bon restaurant avec votre conjoint. Vous dînez léger, ce qui est bon pour la santé.

Conseil

Si vous pouvez améliorer une situation en agissant activement et en ayant recours à des solutions praticables, faites-le. Si ce n'est pas le cas, apportez un éclairage différent à ce qui est inévitable. Habituez-vous à envisager des alternatives. Au lieu de vous énerver à cause du mauvais temps, profitez-en pour ranger enfin la cave.

Impression et façonnage réalisés en février 2013
par Grafica Veneta S.p.A.

Pour le compte d'Ixelles publishing SA
Imprimé en Italie